Andreas Mölzer
SYSTEM KRISE

ZurZeit-Edition, Band 27

ISBN 978-3-900052-34-8
© 2018 W3 Verlagsges. m. b. H.
Satz/Umschlag: Wolf-Rüdiger Mölzer

ANDREAS MÖLZER

SYSTEM KRISE

PARTEIEN
&PATRIOTEN
POLIT-BANKROTEURE

**Zurufe eines
Zeitzeugens 2017**

zur ZEIT
Die Edition

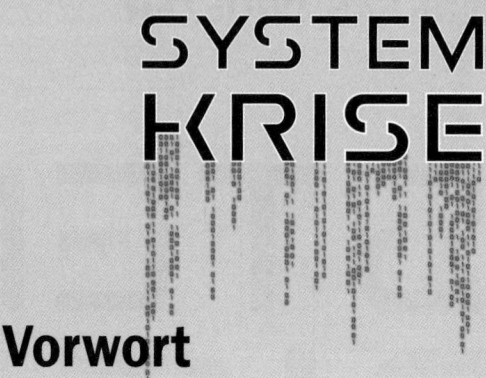

SYSTEM KRISE

Vorwort

Von Andreas Mölzer

Eine Krise des politischen Systems ortet der Autor in den Entwicklungen des Jahres 2017, Nicht nur des politischen Systems in Österreich, nein, auch derer quer durch Europa, wenn nicht gar weltweit. In der Alpenrepublik manifestiert sich diese Krise am deutlichsten wohl im Scheitern der herkömmlichen großen Koalition zwischen Rot und Schwarz und in der Bildung einer neuen Regierungskoalition zwischen den bislang fundamentaloppositionellen Freiheitlichen und der sich türkis gerierenden Volkspartei. Diese Regierungsvariante scheint gewillt zu sein, so etwas wie eine konservative Revolution durchzuführen und sich in vielerlei Hinsicht von bislang dominierendem politischen-korrekten Zeitgeist der spätlinken Gutmenschen abzuwenden.

Im benachbarten Deutschland äußert sich die Krise des etablierten politischen Systems in der Unmöglichkeit, jenseits der bisherigen schwarz-roten Regierungskoalition ein neues Regierungsbündnis zuformen. Zusätzlich ist es der Aufstieg der patriotischen „Alternative für Deutschland", der das bisher dominierende politische System in Frage stellt. Insgesamt aber zeichnet der Autor von den deutschen Entwicklungen ein Bild, das von den politischen Vorstellungen des spätlinken Zeitgeistes und jenen des neuen linken Spießertums geprägt ist.

In der Weltpolitik insgesamt vermeint der Autor einen Wechsel der politischen Perspektiven erkennen zu können, wobei insbesondere die politische Ausrichtung der bisherigen einzigen Supermacht, der Vereinigten Staaten von Amerika, zu hinterfragen ist. die Politik des neuen Präsidenten Donald Trump bringt viele Fragezeichen mit sich, bedeutet aber insgesamt aber wohl, dass die Welt in Zukunft von einem multipolaren System geprägt ist, indem sowohl die USA, Russland, China und möglicherweise auch die Islamische Welt eine prägende Rolle spielen werden.

Im Hinblick auf das gesellschaftliche Gefüge in Österreich, aber auch insgesamt in den westlichen Industriestaaten, diagnostiziert der Autor ein Versagen der etablierten sozikulturellen Systeme. Einerseits kann der spätlinke Zeitgeist der Alt-68er keine Antworten mehr auf die aktuellen Entwicklungen geben, andererseits ist es die Dekadenz dieser Gesellschaften, die eine Zukunftsfähigkeit und positive künftige Entwicklungen verhindert.

Insgesamt ortet der Autor aber auch für das Jahr 2017 in der Massenmigration eines der schwerwiegendsten Probleme der westlichen Industriestaaten, insbesondere auch Österreichs und Deutschlands. Dabei scheint man sich nach wie vor Illusionen über die Integration dieser Migranten zu machen. Die kritische Masse dieser Zuwanderung sei nach seiner Ansicht längst überschritten, was geradezu zwingend eine Veränderung der ethnisch-kulturellen Substanz der autochthonen europäischen Völker mit sich bringe sowie Islamisierung und Kulturverlust.

Nach den „Chaos-Tagen" des Jahres 2015 und der „Zeiten-Wende", die sich insbesondere im Präsidentschaftswahlkampf in Österreich im Jahr 2016 ankündigte, ist es also im Jahr 2017 die multiple Krise der etablierten Systeme, die der Autor in den von ihm zeitnah geschriebenen Essays aufzeigt: Die Krise des bisherigen etablierten politischen Systems in Österreich, die Krise der politischen Klasse in Europa und die Krise der politischen Eliten in den Gesellschaften der westlichen Industriestaaten. Wie weit diese Krise durch fruchtbare Erneuerung und Reformen aufgelöst werden kann, bleibt dahingestellt. In Österreich scheint sich jedenfalls zu Ende dieses Krisenjahres mit der Neuformierung der politischen Landschaft so etwas wie eine positive Entwicklung anzubahnen.

Der Verfasser,
Annenheim im Jänner 2018

VORWORT

INHALT

INHALT

INHALT

PARTEIENLANDSCHAFT IM UMBRUCH

1. KAPITEL

Nichts als schöne Worte

13. Jänner 2017

Der innenpolitische Jahresauftakt ist stets von den großen Parteitreffen geprägt. Alle Jahre wieder präsentieren sich hier der Bundeskanzler und SPÖ-Chef bei irgendeiner Großveranstaltung, auch der regelmäßig von einer Personaldiskussion durchgebeutelte ÖVP-Boss hat seinen Auftritt, und natürlich zelebrieren auch die Freiheitlichen ihr Neujahrstreffen. Grüne, Neos und wie die anderen Splittergruppen heißen, tun es desgleichen.

Wenn wir uns an dieser Stelle den Auftritten der beiden Regierungsparteien widmen, so deshalb, da dies ja doch Veranstaltungen sind, wo wir uns Reformpläne und Ausblicke für die Entwicklung des Landes erwarten dür-

fen. Bei der Opposition, insbesondere bei der Freiheitlichen, ist das etwas anderes. Dort wird primär die massiv
angewachsene Gesinnungsgemeinschaft eingeschworen
und für Aufbruchsstimmung gesorgt.

Doch zurück zu den Regierungsparteien: Der Herr Vizekanzler hat sich bescheiden gegeben und nur einen Bun-
desparteivorstand in der Politischen Akademie einberufen.
Dort ging es nicht so sehr darum, was er zu sagen gehabt
hätte, sondern nur, was nicht ausgesprochen wurde – nämlich die Führungsfrage. Dafür konnte er sich selbigen Tags
im Staatssender Ö3 bei einem „Frühstücks-Talk", wie das
so schön heißt, über alle diversen politischen und persönlichen Wehwehchen ausklagen. Tragisch natürlich, dass er
den Tod einer Tochter zu vermelden hatte, grotesk eher,
wie er die in der ÖVP zur ständigen Folklore gehörende
Obmann-Diskussion zu leugnen versuchte. Insgesamt vermittelte er den Eindruck eines angeschlagenen Mannes, der
weniger an Reformperspektiven für das Land denkt, sondern nur mehr das eigene Überleben.

Anders da schon der Herr Bundeskanzler, der in der
freiheitlichen Hochburg Wels, in der Höhle des Löwen gewissermaßen, seinen viel zitierten, aber höchst unkonkreten
„New Deal" zu präsentieren gedachte (dieser Text wurde
noch vor der Rede des Bundeskanzlers verfasst). Bislang hat
man ihn ja vorgeworfen, dass das zwar eine wohlklingende
Ankündigung bei seinem Amtsantritt war, aber auch nicht
mehr, und sogar befreundete Meinungsmacher haben indessen schon mehrmals eine Konkretisierung dieses „New
Deals" eingefordert.

Nun wissen wir, dass Franklin Delano Roosevelts New
Deal in der 30er Jahren so etwas war, wie die US-ameri-
kanische Variante der – horribile dictu – „ordentlichen
Beschäftigungspolitik" des Unsäglichen aus Braunau. In-

frastrukturprojekte gewaltigen Ausmaßes und die damit verbundene Arbeitsplatzbeschaffung wie in Deutschland der Autobahnbau, in Amerika Kraftwerke, Autobahnen und ähnliches, waren es, was diesen New Deal zu einem zumindest kurzfristigen Erfolgsprojekt machte, sowohl in Europa als auch in den USA.

Wir dürfen nun gespannt sein, welche Autobahn, welches Kraftwerk der Herr Bundeskanzler zu bauen gedenkt, um die Arbeitsplatzsituation zu verbessern. Vielleicht meint er aber schlicht und einfach einen „politischen Deal", also einen Handel mit seinem Koalitionspartner. Man könnte auch meinen einen Kuhhandel, mittels dessen zwar nicht viel geändert würde, man aber mit allen möglichen Tricks und Mitteln das Image der Regierung aufzubessern versucht.

Herr Doskozil, Herr Kurz, Herr Sobotka, sie alle machen es uns ja bereits vor: Alte FPÖ-Forderungen, die noch vor wenigen Monaten als rassistisch, xenophob und EU-feindlich an den Pranger gestellt wurden, werden hier verbal aufgewärmt, um den Menschen vorzugaukeln, dass man endlich die dringendsten Probleme von Land und Leuten angehen würde. Herr Kurz will das Kopftuchverbot, Herr Doskozil Flüchtlingslager und Asylantragsstellung außerhalb Europas und Herr Sobotka will straffällige Asylsuchende ausweisen. Leider bleibt es bei den schönen Worten.

Der Weg zur Hölle ist bekanntlich gepflastert mit guten Vorsätzen. Wahrscheinlich gilt dies auch für den künftigen Weg der rot–schwarzen Schrumpfkoalition. Der New Deal des Herrn Kern wird wahrscheinlich genauso in der Rumpelkammer der politischen Verbalerotik entsorgt werden wie die guten Vorsätze seiner Vorgänger. Wer erinnert sich noch an Herrn Klima, Herrn Vranitzky, Herrn Sinowatz etc., etc.

1. KAPITEL

Koalitions-Krisen-Gewinnler

Von der schwarzen
Verzögerungsstrategie
und ihren Nutznießern

10. Februar 2017

Die ehemals als „große" bezeichnete Koalition hat sich also wiederum eine Frist gegeben. Mittels eines auch im Ministerrat abgesegneten Koalitionsabkommens, basierend auf dem „Plan A" des Bundeskanzlers und dem „Plan B" des Finanzministers.

Angelegt war das Ganze ja vom Bundeskanzler als Wahlkampfauftakt. Solange seine Persönlichkeitswerte noch in lichten Höhen befindlich und die oppositionellen Freiheitlichen in einer Ermattungsphase nach der Präsidentschaftswahl waren, solange sollte er wählen und er hätte es wohl tatsächlich auf den Bruch ankommen lassen, wenn er die Schuld daran glaubhaft der Volkspartei hätte zuschieben können. Denn bekanntlich wird bestraft jener, der schuld ist an vorgezogenen Neuwahlen.

Niemand weiß das besser als die ÖVP und ihre in permanenten Obmannsdebatten und Wahlanalysen gestählten Granden. Und so haben Mitterlehner, Kurz, Sobotka und Co. auf Verzögerung und Zeitgewinn gespielt – und das mit Erfolg. Wenn man in den Umfragen gerade mal gesicherte 19 Prozent hat, ist man naturgemäß nicht heiß auf Wahlen. Das gilt für die ÖVP insgesamt. Wenn man als Obmann und Vizekanzler vor der Frühpension steht, auch nicht. Und wenn man als leuchtende Zukunftshoffnung vor Übernahme der Spitzenposition nur verlieren kann wie der Außenminister, wohl ebenso wenig. Und so werden die Strategen der Volkspartei wohl alles daran setzen, dass zum allerspätesten Zeitpunkt, nämlich im Herbst 2018, gewählt wird.Ob dann allerdings Mitterlehner pensionswilliger, Kurz risikobereiter und die Umfragen wachstumswilliger sein werden, ist mehr als ungewiss.

Wer auf jeden Fall von der Koalitionskrise und ihrer Perpetuierung profitiert, sind die oppositionellen Freiheitlichen. Der auf Konfrontation nach dem Muster des Wiener Wahlkampfes von Michael Häupl und des Bundespräsidentschaftswahlkampfes setzende SPÖ-Chef wird im Herbst 2018 nämlich mit einiger Sicherheit auch schon auf eine Kette gescheiterter Regierungsvorhaben, auf ein halbes Dutzend mehr oder minder schwach gekitteter Koalitionskrisen und insgesamt eben auf politische Abnutzung zurückblicken müssen. Der Schmelz des Neuen, der alerte Eindruck, die gut sitzenden Designeranzüge werden jenen von Ermüdungstränensäcken und überarbeitungs-ergrautem Haupthaar gewichen sein. Das ist beinahe so etwas wie politische Naturgesetzlichkeit.

Natürlich werden dem Kanzler in diesen eineinhalb Jahren die Mühen der politischen Ebenen nicht erspart bleiben. Die Flüchtlingsproblematik – sei es auf der Balkanroute oder übers Mittelmeer – wird wieder hochschwappen, das Integrationsfiasko wird sich immer wieder in täglichen Meldungen von sexuellen Übergriffen und Eigentumsdelikten, Schlägereien und ähnlichem hochschaukeln, und der Teufelskreis von Sozialabbau und schwindender Kaufkraft wird dem gelernten Österreicher nicht verborgen bleiben. Am weiterhin andauernden Umfragehoch der großen blauen Oppositionspartei dürfte angesichts dieser Umstände kaum jemand zweifeln. Und dieses wird zweifellos beim künftigen Nationalratswahlgang seine Entsprechung finden.

Es wird das von Kanzler Kern in seinem „Plan A" angesprochene Mehrheitswahlrecht bis dahin noch nicht geben, und ein vom Bundespräsidenten zähneknirschend mit der Regierungsbildung beauftragter Oppositionsführer H.-C. Strache wird sich wohl auf die mühsame Suche nach potentiellen Regierungspartnern machen müssen. Wenn eine solche mittels eines Volksfrontbündnisses à la Van der Bellen-Koalition verhindert würde, wäre der Republik wahrscheinlich Unregierbarkeit und Instabilität beschert. Ob allerdings eine der beiden jetzt Noch-Regierungsparteien die Härte aufbrächte, den Juniorpartner für ein Strache-Kabinett zu stellen, ist ebenso schwer denkbar. Möglicherweise aber wird es dann alternativlos sein.

Und vorausschauend zum Wohle des Landes wäre wohl dies notwendig, was der Innenpolitiker der „Presse" vor wenigen Tagen leitartikelnd in den Raum stellte: Eine Regierung ohne FPÖ wird in Kürze schon unmöglich sein, und man täte der Republik Gutes, wenn man das befreundete Ausland, insbesondere in den europäischen

Parteienfamilien von Rot und Schwarz, darauf vorbereite-te. Mit der Anti-Waldheim-Strategie von 1986 und der Anti-Schüssel/Haider-Kampagne von anno 2000 – beides ja aus Österreich selbst über das Ausland initiiert – wird man es wohl nicht weit bringen. Nutznießer solcher Anti-Österreich-Kampagnen könnten ebenso, wie jene der perpetuierten gegenwärtigen Koalitionskrise, wiederum die blauen Herausforderer werden. Schwere Zeiten für die Spindoktoren von Rot und Schwarz.

1. KAPITEL

Mehrheit für Rinks
oder für Lechts?

Eine Analyse zum Wandel
der politischen Landschaft
in Österreich

17. Februar 2017

In Graz hat der Wähler in diesen Tagen klar für eine Mitte-Rechts-Mehrheit gestimmt. Der ÖVP-Bürgermeister Nagl als „moderner Konservativer" (Copyright „Kleine Zeitung") konnte deutlich zulegen, die Freiheitlichen unter Mario Eustacchio vom niedrigen Niveau aus – wenn auch unter ihren Erwartungen bleibend – auch. Gemeinsam hätten sie so etwas wie eine „bürgerliche Mehrheit", und das in einer Stadt, mit einer 20-Prozent-KP. In einer Stadt, die von 60.000 Studenten, die weitgehend links wählen, geprägt ist, die eine Arbeiterschaft hat, die noch nicht mehrheitlich zur FPÖ übergelaufen ist, und überdies viele Neubürger mit Migrationshintergrund, die wohl auch nicht ÖVP oder FPÖ wählen.

Österreich war seit Haiders Tagen von einer Mitte-Rechts-Mehrheit geprägt. Eine solche Mitte-Rechts-Mehrheit gab es bei den meisten Wahlen und sie kam deshalb zustande, da die Freiheitlichen in der Lage waren, ehemaliges SPÖ-Elaborat, nämlich die vormaligen Arbeiterwähler, zum großen Teil für sich zu vereinnahmen. Nicht umsonst sprachen die Soziologen über die Haider-FPÖ als einer „Arbeiterpartei neuen Typs". Bei der vorjährigen Bundespräsidentenwahl nunmehr zeitigte das Endergebnis eine knappe, aber doch deutliche Mitte-Links-Mehrheit. Ein Faktum, das offenbar insbesondere den SPÖ-Vorsitzenden und gegenwärtigen Bundeskanzler Christian Kern zu wahlkampftaktischen Spekulationen beflügelte. Er hofft scheinbar, so wie sein Genosse Michael Häupl vor einem guten Jahr in Wien, in einer direkten Konfrontation mit dem blauen Oppositionsführer Heinz-Christian Strache doch eine knappe Mehrheit für einen Establishment-Kandidaten aus der SPÖ erlangen zu können. Diese Spekulation dürften ihn auch im Zuge seines in Wels vorgetragenen „Plan A" dazu gebracht haben, ein neues Mehrheitswahlrecht vorzuschlagen, demzufolge jeweils die stärkste Partei den Bundeskanzler und die Regierung stellen könnte. In Zeiten, in denen die FPÖ seit Jahr und Tag in allen Umfragen deutlich führt, ein scheinbar riskantes Unterfangen. Geheimgehaltene Umfragen jedoch, über die die SPÖ-Spitze zu verfügen scheint, deuten offenbar ein Aufholen der Kern-SPÖ und einen persönlichen Vorsprung des gegenwärtigen Kanzlers an.

Die jüngste Grazer Wahl zeigt nun mehr deutlich, dass das Wählervolk den alten dogmatischen Parteipräferenzen längst abgeschworen hat. So waren in der steirischen Landeshauptstadt, immerhin die zweitgrößte Stadt Österreichs, die Ergebnisse von Kommunal-, Landtags- und National-

ratswahlen jeweils grundverschieden. Bei der Kommunalwahl erreichte die Volkspartei unter Nagl bekanntlich 38
Prozent, bei der Landtagswahl vor einem Jahr erreichte
sie kaum 24 Prozent und bei der Nationalratswahl im Jahr
2013 überhaupt nur 17 Prozent. Ähnliches gilt für die SPÖ,
die in Graz jetzt bei der Gemeinderatswahl nur zehn Prozent erlangte. 2015, bei der Landtagswahl, kam sie immerhin noch gute 28 Prozent, und die Freiheitlichen haben in
Graz bei Nationalrats- und Landtagswahlen auch schon 20
Prozent erreicht, während sie nun bei den Gemeinderats-
wahlen bei knapp 16 Prozent hängen blieben. Als Grazer
Sonderfall gelten die Kommunisten, die immerhin bei der
Kommunalwahl 20 Prozent erlangten, während sie bei den
letzten Nationalratswahlen gerade einmal ein Prozent erringen konnten.

Das heißt also, dass sich der Wähler je nach Themenla-
ge und Wahlgang, aber auch entsprechend der jeweils kan-
didierenden Persönlichkeit, immer wieder anders orientiert.
Stammwähler gibt es längst nur mehr in sehr geringem
Maße. Dennoch stellt sich, weil dies ja auch die Weichenstel-
lung für die Zukunft des Landes bedeutet, die wesentliche
Frage: Gibt es eine Mehrheit links der Mitte oder rechts
der Mitte? Links der Mitte steht man für Zuwanderung, für
multikulturelle Gesellschaft und für Political Correctness,
rechts der Mitte steht man für die Erhaltung der eigenen
Identität und des eigenen Landes, so könnte man zumindest grob klassifizieren. Dies ist natürlich auch nur bedingt
richtig, da sich insbesondere die Volkspartei, die ja in diesem Schema der rechten Reichshälfte zugeordnet wird, zunehmend als politisch-korrekte Zeitgeistpartei präsentiert.
Insgesamt bedeutet allerdings eine Mehrheit links der Mitte,
das die unheilvolle Politik, wonach die eigene Bevölkerung
ausgetauscht wird, die Grund- und Freiheitsrechte durch

politisch-korrekte Denk- und Redeverbote eingeschränkt werden und die Sozialsysteme durch Überlastung bis hin zum Zusammenbruch ausgehöhlt werden, weitergeht. Die Wiener haben beispielsweise bei den letzten Kommunalwahlen im Jahre 2015 die oppositionellen Freiheitlichen massiv gestärkt auf immerhin 30 Prozent. Die regierenden Sozialdemokraten konnten aber mit grüner Unterstützung knapp die Mehrheit halten. Folglich ging die Politik in Wien so weiter wie gehabt – in Richtung Untergang nämlich. Das gleiche Ergebnis haben die Bundespräsidentschaftswahlen ergeben, auch hier hat der Kandidat der Linken mit dem von ihm vertretenen Dogmen der Political Correctness und der Multikulti-Gesellschaft gewonnen – wenn auch nur knapp. Und dies bedeutet, dass die Mehrheit der Österreicher einen Vertreter der bisher geübten Politik neuerlich das Vertrauen ausgesprochen hat.

Sollen sie doch untergehen, könnte man da pessimistisch denken, die europäischen Völker, wenn sie solcherart wählen. Und das gleiche gilt natürlich für Niederländer und Franzosen, wenn beispielsweise demnächst Wilders und seine Partei zwar stärkste in Holland werden, aber von einer Allparteienkoalition niedergestimmt werden. Oder wenn Marin Le Pen zwar im ersten Wahlgang die Präsidentschaftswahlen gewinnt, in der Stichwahl allerdings von einem Cordon Sanitaire aller anderen Parteien ausgebremst wird. Genauso, wie es mit Norbert Hofer im vergangenem Jahr in Österreich passierte.

Die Parteienlandschaft ändert sich also dramatisch, quer durch Europa und natürlich auch in Österreich. Die alten ideologisch fundierten Partei-Kirchen haben sich aufgelöst, neue situationsbedingte Wählerkoalitionen entstehen. Die Frage allerdings, ob der Wahlbürger und Souverän rechtzeitig auf die Notbremse tritt, um den Untergang der europäischen Völker abzuwenden, diese Frage ist deswegen längst nicht beantwortet. Möglicherweise wählt er die volkserhaltenden Parteien, die heute als Rechtspopulisten abqualifiziert werden, erst dann in genügend starkem Ausmaß, wenn es bereits zu spät ist. Erst dann, wenn eine muslimische Mehrheit im Lande rein mathematisch unabwendbar ist, erst dann, wenn das ethnisch-kulturelle Substrat der autochthonen Bevölkerung zum Weg in eine Minderheitenposition verdammt ist. Man wird sehen.

1. KAPITEL

Vom Unsinn alter Feindbilder

Kärntens Lebensrealität muss sich in der Verfassung wiederfinden

24. Februar 2017

Da war der Sprachen- und Nationalitätenstreit in der alten Habsburger Monarchie. Und dann – daraus resultierend – der Grenzkonflikt nach dem Ersten Weltkrieg zwischen Österreich und dem neuen SHS-Staat, für den die Kärntner Slowenen beziehungsweise damals auch noch das schwebende Volkstum der Kärntner Windischen das machtpolitische Substrat bildete. Schließlich die Tragödien im und nach dem Zweiten Weltkrieg und die territorialen Ansprüche Tito-Jugoslawiens. Der Kärntner Abwehrkampf nach dem Ersten Weltkrieg und das Plebiszit, dass mit Hilfe der Angehörigen jenes slawischen Bevölkerungsanteils gewonnen wurde, die sich eben nicht als Nationalslowenen fühlten, sind bekanntermaßen bis heute konstituierende Elemente des Kärntner Landesbewusstseins. Der brutale Partisanenkrieg während des Zweiten Weltkriegs, die Verschleppungen durch die Tito-Partisanen nach Kriegsende und die bereits erwähnten Tito-kommunistischen Gebietsansprüche bildeten das durchaus verständliche Movens der sogenannten „Kärntner Urangst".

Tito-Jugoslawien gibt es indessen nicht mehr, großslowenische Gebietsansprüche genauso wenig. Chauvinistischer Nationalismus ist sogar in einer aus den verschiedensten soziokulturellen Gründen schrumpfenden ethnischen Minderheit wie die der Kärntner Slowenen nur mehr ein Randphänomen. Wie man dies genauso im Hinblick auf irgendwelche Germanisierungsgelüste durch die deutsch-kärntner Mehrheitsbevölkerung feststellen kann.

Spätestens mit der Lösung des Ortstafelkonflikts ist der Südkärntner Grenzlandkonflikt und der Volkstumskampf im Stadium der Historisierung. Und auch politisches Kleingeld, etwa in Form von Emotionen, die man für Wahlkämpfe nützen kann, ist realistischerweise damit kaum mehr zu machen.

Der Gedanke, bei einer Neuformulierung der Landesverfassung die Kärntner Lebensrealität mit der seit dem Frühmittelalter im Lande siedelnden autochthonen slawischen Minderheit auch konstitutionell abzubilden, entbehrt daher nicht einer gewissen inneren Logik. Der Satz allerdings, den die regierende Dreier-Koalition in Klagenfurt in dem Entwurf der neuen Landesverfassung zu diesem Zweck einbaute, dass nämlich Land und Kommunen die „gleiche Fürsorge für deutsch- und slowenischsprachige Landsleute" aufwenden müssten, ist schlichtweg unsinnig. Er ist einmal mehr ein Indiz für jenen seit Generationen gewohnten Charakter der Kärntner Landespolitik, der zwi-

schen Bauernschläue und Einfältigkeit pendelt. Warum
spricht man vom „Deutsch- und Slowenischsprachigen"
warum nicht klarerweise von „Deutsch-Kärntnern" und
„Kärntner Slowenen"? Deutschsprachig sind sicher auch
alle im Lande lebenden Slowenen, und die meisten Kärntner dürften – mehr oder minder – auf Grund einer abge-
schlossenen Schulbildung auch englischsprachig sein. Und
dass die Fürsorge des Landes schlichtweg allen Landesbür-
gern zu gelten hat, ist eine No-Na-Aussage, eine Selbstverständlichkeit.

Da hat man also einen Satz in den Verfassungsent-
wurf eingebaut, der mit Krampf den Terminus „slowe-
nisch" beinhaltet, allerdings einfältigerweise noch das Wort
„Fürsorge", was geradezu als Aufforderung von den Slo-
wenen-Funktionären aufgefasst werden könnte, zusätzlich
Forderungen zu stellen. Und dies scheint in einem Brief
im April 2014 an den Landtagspräsidenten von drei führenden Slowenen-Vertretern im Hinblick auf weitere topographische Bezeichnungen und eine weitere Ausdehnung
des Slowenischen als Amtssprache auch geschehen zu sein.
Aber derlei Forderungen zu erheben, gehört wohl zur „Job
description" eines slowenischen Vereinsfunktionärs. Und
zwischen einer Forderung und einer Durchsetzung besteht
ein gewaltiger Unterschied.

Insgesamt darf gefragt werden, warum nicht einfach
im Artikel 5 der bisher geltenden Landesverfassung, wo
es heißt „die deutsche Sprache ist die Sprache der Ge-
setzgebung und – unbeschadet der der Minderheit bundesgesetzlich eingeräumten Rechte – die Sprache der
Vollziehung des Landes Kärnten" den Terminus „slowe-
nisch" eingefügt hat. Es hieße dann: „unbeschadet der der
slowenischen Minderheit bundesgesetzlich eingeräumten
Rechte".

Oder warum man nicht im ersten Abschnitt der erneuerten Verfassung einen eigenen Artikel eingefügt hat, der
schlicht und einfach aussagen könnte: „In Kärnten siedelt
seit dem Frühmittelalter eine autochthone slowenische
Volksgruppe, deren Existenz fester Bestandteil der Identität des Landes ist und deren Rechte bundesgesetzlich gewährleistet sind."

Wenn nun aber der an sich läppische, als Nebensatz for-
mulierte Fürsorgeanspruch der „Slowenischsprachigen" als
Vorwand missbraucht wird für parteitaktische Spielchen, ist
dies nicht nur bedauerlich, sondern auch gefährlich. Langsam abklingende Emotionen und Ängste werden solcherart
zurück aus ihrem Dämmerschlaf geholt, Organisationen,
die ihre Sympathisanten nur mit entsprechender Feindbild-
pflege zu Aktivität und Spenden bewegen können, wittern
Morgenluft, und die nicht Kärntner Medienlandschaft die
Chance, das beliebte und über lange Jahrzehnte geübte
„Kärnten-Bashing" aufleben zu lassen.

Angesagt wäre also ein ehestmöglicher Schluss der
Debatte, tätige Reue des schwarzen Parteiobmanns und
ein wenig intellektuelle Beweglichkeit bei den Spitzen der
beiden größten Parteien des Landes: Im Umfeld des Lan-
deshauptmannes, ob es nicht eine klügere Festschreibung
der slowenischen Minderheit in der Kärntner Verfassung
geben könnte, sowie bei den führenden Köpfen der blau-
en Oppositionspartei, ob es für national-freiheitliche und
patriotische Kärntner nicht endlich Zeit wäre, stolz darauf
zu sein, dass es im Land neben den Deutschkärntnern ein
zweites Volkstum gilt mit unverwechselbarer Identität, einer europäischen Hochsprache und einer Kultur, mit der
wir seit nahezu eineinhalb Jahrtausenden zusammen leben.

1. KAPITEL

Pyrrhussieg des Establishments

Der „Rechtspopulismus" hat
doch gesiegt – eine Analyse

24. März 2017

Österreich stellt bekanntlich so etwas wie die europäische Avantgarde in Sachen „Rechtspopulismus" (um in der Terminologie des politisch-medialen Establishments zu bleiben) dar. Die Haider-FPÖ wirbelte die alpenrepublikanische politische Landschaft schon auf, da war Jean-Marie Le Pens Front National noch so etwas wie ein schwacher Nachhall des Algerienkriegs, die Schweizer Volkspartei eine biederst bürgerliche Gruppierung, die Lega Nord als „Lega Lombarda" so etwas wie eine Mittelalter-Schaustellertruppe, und Geert Wilders lag noch in den politischen Windeln. Das ist auch der Grund, warum man hierzulande die meisten Erfahrungen mit der

Bekämpfung des „Rechtspopulismus", dieses lästigen politischen Phänomens, hat.

Da gab es zuerst einmal die vielzitierte „Vranitzky-Doktrin": Entwickelt unmittelbar nach dem Antreten Haiders als FPÖ-Chef, setzte sie bekanntlich auf Ausgrenzung, auf Gesprächsverweigerung und das Ausschließen jeder politischen Zusammenarbeit – zumindest auf Bundesebene. Bereits in den 90er-Jahren mussten sich die Vertreter dieser „Vranitzky-Doktrin" vorwerfen lassen, dass sie die eigentlichen „Haider-Macher" seien, also jene, die dadurch den Bärentaler erst groß gemacht hätten. Gescheitert ist diese „Vranitzky-Doktrin" auf jeden Fall, gewissermaßen von Amts wegen ad acta gelegt hat sie in diesen Tagen erst der neue SPÖ-Chef und Bundeskanzler Christian Kern.

Dann gab es da die „Schüssel-Strategie", die im Wesentlichen darin bestand, die bösen und lästigerweise auch so erfolgreichen „Rechtspopulisten" zu korrumpieren. Zu korrumpieren durch Schulterklopfen, durch Beteiligung an der Macht, oder auch durch ganz reale Korruption, wie wir in der nächsten Zeit im neuen Eurofighter-Untersuchungsausschuss wohl vorgeführt bekommen. Diese „Schüssel-Strategie" schien kurzfristig erfolgreich zu sein: Nachdem die Haider-FPÖ in Folge der Ereignisse von Knittelfeld bei der Nationalratswahl des Herbst 2002 einen katastrophalen Absturz erleiden musste, durfte sich Wolfgang Schüssel für einige Zeit als Haider-Dompteur und Entzauberer der „Rechtspopulisten" feiern lassen. Allein der Wiederaufstieg der FPÖ unter Heinz-Christian Strache zeigte, dass auch diese „Schüssel-Strategie" keinen wirklich nachhaltigen Erfolg zeitigt.

Und so kam es, dass man nunmehr auf die „Rutte-Taktik" verfiel. Man könnte diese nach dem holländischen Premier Rutte benannte Taktik auch die „Kurz-Chuzpe" bezeichnen oder als „Doskozil-Schmäh". Und gleichermaßen natürlich als „Kern-Chuzpe" oder „Sobotka-Schmäh".

Diese „Rutte-Taktik" besteht darin, dass man die eigene Politik so dramatisch in die sogenannte „rechtspopulistische" Richtung dirigiert, dass den als „Rechtspopulisten" stigmatisierten Oppositionellen keine Chance mehr bleibt, dies glaubwürdig zu toppen. Wenn etwa Geert Wilders in Holland gegen den Islam und die Zuwanderung wetterte, ergriff Regierungschef Rutte ebenso rüde wie skrupellos die einmalige Gelegenheit, zwei ganz reale türkische Minister per Schub außer Landes zu jagen, verglichen damit musste Wilders wie ein müder Held des Wohnzimmer-Couch-Twitterns erscheinen und demgemäß sah das niederländische Wahlergebnis auch aus.

Eine heimische Qualitätszeitung (in Salzburg erscheinend) titelte dieser Tage: „Österreich rückt nach rechts" und danach führte sie all das auf, was die rot-schwarze Bundesregierung in jüngster Zeit an rigiden Reformen anpackte. Von der Verschärfung des Asylrechts über die strikte Grenzsicherung, von der Stärkung von Polizei und Bundesheer bis zur Einschränkung der Mindestsicherung, von der Einschränkung des Demonstrationsrechts bis hin der einigermaßen vollmundig verkündeten EU-Reform, die Österreich im Zuge seiner Ratspräsidentschaft ja im nächsten Jahr anpacken wolle. All das klingt wie der Forderungskatalog der FPÖ vor Nationalratswahlen, und doch steht dahinter bekanntlich die SPÖ-geführte Regierung Kern mit dem ÖVP-Außenminister Kurz und seinem Parteikollegen als Innenminister und dem roten Verteidigungsminister Doskozil. Diese repräsentieren gewissermaßen in inhaltlicher und sachpolitischer Hinsicht den Sieg des „Rechtspopulismus" in Österreich.

Wenn man nun nicht das Parteieninteresse im Auge hat, sondern das Gemeinwohl, die Entwicklung von Land und Leuten als Ganzes, könnte man logischerweise folgern, dass die ach so bösen „Rechtspopulisten" das politische Establishment gegenwärtig dazu nötigen, eine politische Umkehr einzuleiten und dass der über Jahrzehnte geächtete „Rechtspopulismus" gewissermaßen zur Regierungsdoktrin in den meisten Ländern quer durch Europa wird. Ein sachpolitischer und inhaltlicher Triumph also für Wilders Partei für die Freiheit, für die österreichischen Freiheitlichen, für den Front National und für die Lega Nord und so weiter. Die betreffenden, als „rechtspopulistisch" gescholtenen Parteien mag man damit zurückdrängen, auf gut österreichisch hat man sie „ausgetrickst". Auch die Regierungsambitionen der führenden Exponenten dieser Parteien, einer Marine Le Pen, eines Geert Wilders, eines Matteo Salvini oder eines Heinz-Christian Strache mag man damit zum bloßen Wunsch an das Christkind degradieren. Tatsache bleibt aber: Der „Rechtspopulismus" hat solcherart gesiegt.

1. KAPITEL

Engelbert lässt grüßen

Historische Tragödien wiederholen sich bekanntlich als Farce

19. Mai 2017

Nun bestimmt also der 30-jährige Kanzleraspirant freihändig und allein, wer für eine der beiden Traditionsparteien der Republik ins Parlament einzieht. Ein junger Mann ohne Familie, ohne Kinder, ohne Beruf, ohne Studium, bar jeder Lebenserfahrung, nicht angekränkelt von des Selbstzweifels Blässe, unwissend, was denn Leid sei, hat sich also aufgemacht, Kanzler zu werden. Seit der Pubertät arbeitet er an seiner politischen Karriere und an seinen Netzwerken. Und es ist wohl keine Unterstellung, wenn man ihm nachsagt, dass er nie Zeit gehabt hat, sich mit politischer Philosophie, mit Dogmengeschichte, mit Volkswirtschaft und Geopolitik profund auseinanderzusetzen.

Wann sollte ein solch erfolgreicher und umtriebiger Netzwerker schon Zeit haben, ein Buch zu lesen. Im Gegenteil: Eine Null-Biographie und Ahnungslosigkeit werden hier als karrierefördernde Trümpfe ausgespielt! Trümpfe, über die auch Kurzens engste Vertraute offenbar sattsam verfügen. Etwa das „Lovntola-Bauerndirndle", das mit satten 59.000 Vorzugsstimmen – war dies nicht ausschließlich durch den Bauernbund möglich? – ins EU-Parlament gewählt wurde. Ebenso wie viele andere.

Aber eine gewisse naive Eloquenz und das treuherzig dargestelltes Interesse am jeweiligen Gesprächspartner sowie die einigermaßen skrupellose Übernahme der Ideen anderer, wenn sie nur populär erscheinen, langen längst, um die zuvor aufgezählten Defizite zu verdecken – zumindest für einige Zeit. Und so hat der junge Mann, assentiert vom offenbar ähnlich unbedarften Staatssekretär Mahrer, beschlossen, die Parteiendemokratie in Österreich zu finalisieren. Gewiss, die alte Tante ÖVP benötigt man als Finanzbasis und als Agitationsplattform zwecks Wahlkampfs. Eine demokratisch von unten nach oben strukturierte Organisation, in der Vertreter und Mandatare gewählt werden, in der Gremien abstimmen, die braucht man aber um Gottes Willen nicht.

Das hat schon ein anderer vor einem guten Menschenalter erkannt: Wozu eine christlich-soziale Partei als Klotz mit sich herumschleppen, wenn man mittels einer „Vaterländischen Front" ohne lästige demokratische Mechanismen zu regieren vermag? Die absolute Personalhoheit und das Durchgriffsrecht des Sebastian Kurz dürfte in der Tat ebenso rigide sein wie jenes, das seinerzeit Engelbert Dollfuß für sich beanspruchte. Natürlich, „Millimettermich" in Kaiserjägeruniform mit Hahnenschwanz auf der Mütze, das mutet für uns schon reaktionär an. War aber dieser

Aufzug seinerzeit nicht genauso modisch und populär wie es heute die Slim-Fit-Anzüge mit ihren zu engen und zu kurzen Sakkos sind, die uns „Basti-Fantasti" vorführt?

Ein schwacher historischer Vergleich, gewiss! In der Tat vergleichbar ist allerdings jene Tendenz, die es damals gab und die sich auch heute in Europa auszubreiten scheint: Das Unbehagen am Parteienstaat nämlich, das Gefühl, dass die durch politische Parteien getragene Demokratie überholt sei. Natürlich werden diesbezüglich von den Wortspendern des politischen Mainstream zuallererst und nahezu ausschließlich die ach so bösen „Rechtspopulisten" zitiert. Kaczyński in Polen und Orbán in Ungarn, sowie all die anderen nur zu bekannten Rechten quer durch Europa seien die Protagonisten dieser Entwicklung. Dass dann die Aushebelung demokratischer Strukturen just vom Populismus aus der Mitte des etablierten politischen Systems kommen kann, mag für viele überraschend sein.

Nun ist es gottlob so, dass sich historische Tragödien bekanntlich allenfalls als Farce wiederholen. Niemand wird die Angst hegen, dass Sebastian Kurz tatsächlich in messianischen Größenwahn verfällt und die alte Tante ÖVP in eine Art postmoderne Vaterländische Front verwandelt. Die „Liste Sebastian Kurz – die neue Volkspartei" könnte vielmehr ein Konstrukt sein, das in relativ kurzer Zeit in den Schubladen des Vergessens verschwindet. Die Beispiele, wie schnell „Django" Mitterlehner resignierte, wie rasch Supermanager Kern entzaubert wurde, wie rasant der hochgejubelte „Schulz-Effekt" bei den benachbarten Bundesdeutschen in sich zusammenbrach, wie schnell und gnadenlos Super-Jungstars wie der längst in Vergessenheit geratene Herr Karl-Theodor zu Guttenberg verblühten, all diese Beispiele könnten uns in der Annahme bestärken, dass auch „Wasti-Bombasti" nicht in der Lage sein wird, die an ihn von seiner „kastrierten Partei" (Copyright Anneliese Rohrer) herangetragenen messianischen Erwartungen zu erfüllen.

Glaubte man vor wenigen Monaten noch, Christian Kern werde demnächst barfuß über das Wasser des Neusiedler Sees wandeln, so erwartet man Ähnliches nunmehr von der Seite altgedienter und intrigenerprobter politischer Haudegen, wie es die ÖVP-Landeshauptleute sind, in Bezug auf Kurz. Sie mögen beim Beschluss des Ermächtigungsgesetzes für Sebastian Kurz während der Abstimmung hinter dem Rücken die Finger gekreuzt haben, den Vorwurf aber kann man ihnen nicht ersparen, dass sie bei der Demontage der österreichischen Parteiendemokratie tatkräftig mitgewirkt haben.

Gewiss, Kurz ist kein Dollfuß und die Junge ÖVP ist nicht einmal die als Farce zu bezeichnende Wiederkehr der alten schwarzen Heimwehren der Ersten Republik. Der Wahn aber, dass ein einziger – und heute noch dazu ein solch Unbedarfter – klüger, besser und erfolgreicher als alle anderen zusammen bestimmen und entscheiden soll, dieser Wahn erlebt fröhliche Urständ. Und das ist bedenklich genug.

1. KAPITEL

Politische Insolvenz

26. Mai 2017

Die Regierung hat also in der Vorwoche aufgegeben, die Koalition ist zerbrochen, und der neue Wahltermin ist fixiert – und zwar auf Initiative der Opposition, denn die Regierung konnte sich nicht einmal mehr dazu durchringen, gemeinsam ihre Zusammenarbeit fristgerecht zu beenden. Nein, sie bedurfte auch diesbezüglich noch der Initiative der freiheitlichen Opposition, der sich die anderen Oppositionsparteien anschlossen. Und so wird also am 15. Oktober des Jahres gewählt.

Nachdem der Wahlkampf somit begonnen hat, und man bemüht ist, dem Wähler politische Arbeit vorzugaukeln, sagen die beiden Scheidungspartner ÖVP und SPÖ natürlich, dass sie weiterarbeiten wollten, dass sie im Parlament noch wichtige Vorhaben finalisieren wollten, und dass sie solcherart noch Leistung für der Republik zu erbringen gedächten. Das allerdings sind nur schöne Worte, und wenn Justizminister Brandstetter nunmehr zum Vizekanzler erhoben wurde, ist das auch nur eine Geste, die nicht viel mehr bedeutet, als dass der neue ÖVP-Chef Kurz sich nicht im Windschatten von Bundeskanzler Kern verschleißen lassen will.

Das in der Vorwoche von den beiden ehemaligen Regierungspartnern propagierte freie Spiel der Kräfte im Parlament ist allerdings auch nur ein frommer Wunsch. Es wird nämlich keineswegs dabei bleiben, dass sich im Parlament die vernünftigen Initiativen durchsetzen und die politischen Parteien dafür stimmen. Nein, jede Partei wird den Wahlkampf schon im Auge haben und das tun, was taktisch am Klügsten erscheint – also das tun, womit sie glaubt, beim Wähler am ehesten zu punkten.

Insgesamt werden wir also in Österreich fünf Monate, und wenn die Regierungsverhandlungen nach der Wahl lange dauern, nahezu ein Jahr politischen Stillstand haben und weitergehen wird für das Land gar nichts. Die politischen Konkursverwalter von Rot und Schwarz – angeführt vom Bundespräsidenten, der Herr in der Hofburg wirkt ja längst sehr überfordert – werden also für die Republik kaum etwas machen, sondern nur ans Wohl und Wehe ihrer politischen Parteien und der Spitzenposten denken. Das ist aber überaus gefährlich, da wesentliche Reformen und politische Maßnahmen anstehen und das Land nicht im Chaos versinken darf.

Insbesondere in der Zuwanderungs- und Flüchtlingsfrage stehen endlich Entscheidungen an. Zum einen muss man die Europäische Union dazu bewegen, die Mittelmeerroute endlich zu schließen, zum anderen ist das Chaos im Bereich der Integration schnellstmöglich ordnungspolitisch zu regeln. Jene Hundertausenden, die Zuge des Flüchtlingsfiaskos nach Österreich gekommen sind, werden nämlich zunehmend zur Gefahr für den sozialen Frieden und die innere Sicherheit. Die kommende Regierung bzw. auch jene Kräfte, die von der bisherigen rot–schwarzen Koalition übrig geblieben sind, haben also schnellstens dafür zu sorgen, dass eine weitere Zuwanderung unterbleibt, dass bei jenen, die da sind, das Asylrecht schnellstmöglich überprüft wird, dass jene, die keine Asylberechtigung haben, schnellstens repatriiert werden und eine harte Integrationspolitik einzuschlagen ist.

Ganz abgesehen davon gibt es natürlich im Bildungsbereich und in den Fragen des Wirtschaftsstandorts, aber auch in den Bereichen der sozialen Gerechtigkeit – Stichwort: kalte Progression – Handlungsbedarf. Die Regierung wird auch diesbezüglich nicht warten können, bis sich die politischen Dinge bzw. die parteipolitischen Probleme absolut geklärt haben. Neben dem Wahlkampf haben also die politischen Konkursverwalter von Rot und Schwarz und der Bundespräsident dafür zu sorgen, dass das Land weiter regiert wird und nicht im Chaos versinkt. In Jahr und Tag hoffen wir, dann eine neue Regierung zu haben, möglichst unter massiver freiheitlicher Beteiligung, die die Probleme dann zu lösen haben wird.

1. KAPITEL

Ein politischer Rosenkrieg

16. Juni 2017

Ganze fünf Monate müssen also vergehen zwischen der Aufkündigung der Koalition und der Neuwahl. Fünf Monate, die von Wahlkampf geprägt sein werden von gegenseitiger Blockade, von gegenseitiger Vernaderung, vom Tricksen und Fallenstellen jener Parteien, die nach wie vor gemeinsam in der Regierung sitzen. Fünf Monate, in denen für Österreich nichts weitergehen wird, fünf Monate, in denen das Land nicht wirklich regiert wird, fünf Monate, in denen die politischen Akteure nur auf ihren eigenen opportunistischen Vorteil achten werden und nicht auf das Wohl des Volkes und des Landes. Schöne Zeiten!

Da agiert einerseits ein ziemlich zerzaust wirkender Kanzler, der sein Strahlemann-Image innerhalb nur eines Jahres verloren hat. Sorgen und Schlaflosigkeit machen Tränensäcke und Falten, und sogar die Slim-Fit-Anzüge wirken ein bisschen abgewohnt. Andererseits gibt es da den Jungstar, der so tut, als hätte er mit dem Ganzen nichts zu tun, als wäre er nicht seit Jahren Mitglied dieser Regierung, die so offenkundig versagt hat. Er hält sich vom ziemlich chaotischen Regierungsgetriebe fern und glaubt, solcherart den Vorgang seiner Entzauberung bis zum Wahltag hinauszögern zu können. Offenbar einer, der die Österreicher für ziemlich dumm hält.

In der Mitte sitzt – recht sympathisch, aber ohne Wirksamkeit – als Mediator der schwarze Vizekanzler, der den sich versteckenden Jungstar ersetzen muss. Und solcherart sollen dann jene Gesetzesvorhaben noch gemeinsam beschlossen werden, die die einstige rot–schwarze Koalition paktiert hat: Bildungsreform, Homoehe, etc. etc. Derweil tagt ein Untersuchungsausschuss, der längst auch nur mehr Teil des Wahlkampfes ist und dem gegenseitigen Anschütten dient. Und überdies gibt es da, insbesondere in der Sozialdemokratie, die rivalisierenden Gruppen, die sich bis hin zu Tätlichkeiten befehden. Darf man mit den bösen „Rechtspopulisten“, sprich, mit der FPÖ des Heinz-Christian Strache, oder darf man nicht? Eine Glaubensfrage für die einstige Arbeiterbewegung, eine Frage wohl, an der sie auch scheitern dürfte.

Die schwarze Reichshälfte des verborgenen Jungstars tut sich da leichter, sie hängt noch immer der alten Doktrin des längst vergessenen Julius Raab an, der da sagte: „De werden wir inhalieren“. Kurz und Konsorten glauben offenbar, Strache und die Freiheitlichen mit dem Schmäh nehmen zu können und sie als billige Mehrheitsbeschaffer

– Wolfgang Schüssel lässt grüßen – missbrauchen zu können. Ob sie sich da nicht vielleicht irren...

Der Rest der politischen Landschaft jenseits von Freiheitlichen, Sozialisten und den inzwischen ins Türkise gewechselten Kurz-Jüngern spielt eine zu vernachlässigende Rolle. Die Stronach-Partie hat längst aufgegeben. Ihre Wähler werden wohl zu den Freiheitlichen zurückkehren, dem einen oder anderen Vertreter derselben mag vielleicht politisches Asyl gewährt werden. Die Neos des hyperaktiven Strolz kämpfen ums Überleben, vom politischen Phänotypus her wirken sie nämlich bloß wie Platzhalter der türkisen Truppe. Und die Grünen haben nur mehr ein Ziel, nämlich die Freiheitlichen zu verhindern. Von Umweltpolitik keine Rede mehr, nicht einmal, wie bisher, die Vertretung von Randgruppen ist ihnen noch ein Anliegen. Und verglichen mit Frau Lunacek hat Frau Glawischnig noch sympathisch mütterlich gewirkt.

Angesichts dieser Ausgangsposition befinden sich die Freiheitlichen von Heinz-Christian Strache in einer geradezu komfortablen Lage. Sich das Ganze erste Reihe fußfrei anzusehen, wird aber nicht reichen. Wenn sich im Lande wirklich etwas ändern soll, werden sie in der Tat die besseren Konzepte für das Land und die besseren Politiker für Österreich präsentieren müssen. Auch kein leichtes Unterfangen.

1. KAPITEL

Kriterien-Katalog andersrum

Vielleicht diktiert ja die Strache-FPÖ die Bedingungen für
eine Regierungsbeteiligung?

16. Juni 2017

Gerade in diesen Tagen mussten die Freiheitlichen des
Heinz-Christian Strache wieder einmal erleben, dass
sie von den beiden Traditions- und Regierungsparteien der
Republik eigentlich nicht wirklich als politische Partner, sondern stets nur als Mittel zum Aufbau einer Drohkulisse, als
Erpressungspotenzial gegen die jeweilige andere Partei be-
nutzt werden: In Sachen Bildungsreform tat man von Seiten
der Kurz-ÖVP so, als wolle man sich mit den Freiheitlichen
einigen, man habe mit diesen wesentlich mehr gemein – um
letztlich doch die rote Koalitionskarte zu spielen.

Was hier im Kleinen geschehen ist, haben die Freiheitlichen in den letzten Jahrzehnten wiederholt nach Wahlen

im Zuge von Koalitionsverhandlungen erleben müssen. Sie dienten primär für die schwarze Reichshälfte als Erpressungspotential gegenüber der roten, um die Koalitionsbedingungen zu optimieren. Andernfalls könne man ja auch mit der FPÖ.

Und zweimal mussten die Freiheitlichen ja ganz real als Regierungspartner herhalten, und zwar als billige Mehrheitsbeschaffer. Nicht im Jahre 2000, als Haider ÖVP-Chef Schüssel aus der Position des Drittstärksten zum Kanzler machte, wohl aber 1983, als Norbert Steger der Nach-Kreisky-SPÖ die Macht zu retten hatte und dann später im Jahre 2002, als Herbert Haupt mit der FPÖ den wohlfeilen Mehrheitsbeschaffer gab. Erst war es eine FPÖ mit kaum 5 Prozent der Wählerstimmen, dann eine solche, die von 27 auf 10 Prozent geschrumpft war.

Heute hingegen – unter Heinz-Christian Strache – agieren die Freiheitlichen auf Augenhöhe mit den beiden Alt-Koalitionären und sie haben gewiss aus der Geschichte gelernt, dass dem allzu bereitwilligen Mehrheitsbeschaffer die Gunst des Wählers überaus rasch abhanden kommt. Überdies ist es wohl ein neues Selbstbewusstsein, das die Freiheitlichen auf Grund ihrer jahrelangen Wahlerfolge, ihrer parallel dazu vorhandenen Themenführerschaft und ihrer nach wie vor hervorragenden Position in den Meinungsumfragen haben. Solcherart werden sie sich wohl kaum von Parteien, die in der Wählergunst abstürzen, Koalitionsbedingungen diktieren lassen. Der vieldiskutierte Kriterienkatalog der SPÖ reduziert sich deshalb zur reinen innerparteilichen Nabelschau, bei der der linke gegen den pragmatischen Parteiflügel um die Vorherrschaft ringt. Häupl gegen Niessl – und Kern in der Zwickmühle.

Vielmehr werden also wohl die Freiheitlichen selbst jene Kriterien definieren müssen, unter denen sie bereit sind – sei es als geringfügig schwächerer oder geringfügig stärkerer Partner – in eine Regierung einzutreten. Und da stellt sich nun die Frage, wie ein solcher freiheitlicher Kriterienkatalog aussehen könnte.

Eine Präambel zu einem Koalitionsabkommen, das die freiheitliche Handschrift trägt, könnte etwa nach folgenden Grundprinzipien formuliert werden:

- Die österreichische Verfassung und die österreichische Rechtsordnung sind absolut zu wahren. Die Duldung von massenhaften Rechtsbrüchen, wie etwa jene von illegaler Zuwanderung, ist ausnahmslos zu unterbinden. Die verfassungsmäßige Wahrung der Souveränität, der Grenzen und des Gewaltmonopols der Republik ist ausnahmslos zu gewährleisten. Dazu gehört die Grenzwahrung mit allen staatlichen Machtmitteln.
- Die österreichische Rechtsordnung duldet die Entwicklung von Parallelgesellschaften mit Sonderrechten wie etwa der Scharia in keiner Weise. Die Integration von Zuwanderern und anerkannten Asylanten ist eine absolute Bringschuld. Zu dieser Bringschuld gehört die vorbehaltlose Akzeptanz der österreichischen Leitkultur und der deutschen Staatssprache.
- EU-Verträge, die Teil der österreichischen Rechtsordnung und des heimischen Verfassungsgefüges geworden sind, sind ausnahmslos zu beachten. Brüche der EU-Verträge, wie sie im Zuge der Euro-Rettung vielfach vorgenommen wurden, sind seitens der Republik in Brüssel zu verhindern. EU-Reformen für eine zukunftsfähige europäische Integration zum Erhalt des europäischen Friedensprojekts und der nationalen und kulturellen Identitäten der europäischen Völker sind seitens der Republik unter besonderer Betonung

des Prinzips der Subsidiarität zu entwickeln. Auch die Reform der gemeinsamen Währung ist in diesem Sinne voranzutreiben.

• Die direkte Demokratie nach Schweizer Vorbild unter möglichst intensiver Bürgerbeteiligung ist zu entwickeln. Dazu müssen zu allererst Volksbegehren ab einer gewissen Stärke zu verbindlichen Volksbefragungen und Volksabstimmungen führen.

• Eine umfassende Verwaltungsreform (im Sinne der Vorschläge, die der Rechnungshof erstellt hat) mit der gleichzeitigen Rationalisierung des österreichischen Föderalismus unter größtem Respekt vor der historischen Identität der Bundesländer muss verwirklicht werden, um solcherart umfangreiche Budgetmittel freizumachen.

• Das österreichische Sozialsystem ist nach dem Prinzip der primären Staatsbürgerfürsorge zu reformieren. Nicht-Staatsbürger und Zuwanderer erhalten Sozialleistungen unter Maßgabe der von ihnen erbrachten Beiträge für das österreichische Sozialsystem. Staatliche Transferleistungen, die ins Ausland gehen, erfolgen quantitativ nicht in jenem Maße, wie es in Österreich der Fall wäre, sondern sind nach dem Residenzprinzip der Höhe der Lebenserhaltungskosten des jeweiligen Landes anzupassen. Das Sozialversicherungssystem wird auf gerechte und ausgewogene Art und Weise vereinheitlicht, die unterschiedlichen Versicherungsanstalten werden zusammengelegt.

• Massive Steuersenkungen zur Entlastung des Mittelstandes und zur Stärkung des Wirtschaftsstandorts Österreich sind energisch in Angriff zu nehmen. Die kalte Progression ist abzuschaffen. Die Arbeitslosigkeit, insbesondere die Jugendarbeitslosigkeit, ist durch intensive Beschäftigungsprogramme im Bereich der öffentlichen Investitionen zu bekämpfen.

Die Finanzierung all dieser Maßnahmen ist durch die zuvor zitierte Verwaltungsreform und Rationalisierung des Föderalismus zu gewährleisten. Ständestaatliche Relikte wie der Kammerzwang sind ersatzlos zu beseitigen.

- Eine umfassende Bildungsreform versucht, die Qualitäten des österreichischen Schulwesens, wie sie bis hin zu den linken Pseudoreformen und Experimenten ab den 70er-Jahren bestanden haben, wieder herzustellen. Ein differenziertes Schulsystem, das die Leistungsfähigkeit und Begabungen der jungen Menschen berücksichtigt, muss zu allererst die Kenntnis der grundlegenden Kulturtechniken gewährleisten, dann die Identifikation der jungen Menschen mit der eigenen Kultur und schließlich ein umfassendes und solides Allgemeinwissen gewährleisten. Wissenschaft und Forschung müssen absolut unabhängig und frei von staatlichen Zwängen, ideologischen Dogmen, auch jenen der Political Correctness, und parteipolitischer Bevormundung entwickelt werden.

- Eine positive Zukunft des Landes und das Wohl seiner Bürger, Frieden, Freiheit und Wohlstand für Österreich in einem selbstbestimmten und prosperierenden Europa, das die Einheit in der Vielfalt tatsächlich lebt, muss das Ziel der politischen Arbeit einer Regierung unter freiheitlicher Beteiligung sein. Wenn dies unter dem Motto „Österreich zuerst" erfolgt, dann ist dies kein chauvinistischer Anspruch, sondern schlicht der politische Arbeitsauftrag im Sinne der österreichischen Bundesverfassung.

Bei der Reformresistenz der beiden Traditionsparteien der Republik allerdings könnte ein solcher freiheitlicher Kriterienkatalog bloßer Wunschtraum bleiben.

1. KAPITEL

Vom Elend unserer Polit-Stars

Peter Pilz hat nun also gegen irgendeinen grünen Jüngel bei der Stellung der Kandidatenliste verloren. Er, der die ziemlich ausgelutschte Öko-Partei als Einziger in die Medien zu bringen vermochte, sagte also Ciao, Adieu und auf Wiedersehen und überlässt die Partei der Alt-Lesbe Lunacek und einem ultralinken Tiroler Dirndl. Na, das wird ein tolles Wahlergebnis geben.

Aber auch andere heimische Polit-Stars sind in Kalamitäten: Kanzler Kern, Slim-Fit-Star der Sozialdemokratie, wirkt indessen so müde, dass seine Tränensäcke an Willi Brandt erinnern. Und der türkise Nachwuchs-Wunderwuzzi Sebastian Kurz kann sich dem allzu raschen Verschleiß

50

der heimischen Polit-Stars vorläufig nur dadurch entziehen, indem er schlicht und einfach von der Bildfläche verschwunden ist. Wie er das bis zum Wahltag in dreieinhalb Monaten durchhalten will, ist ein wenig rätselhaft.

Für das mit einiger Sicherheit totzusagende Team Stronach hat sich Krone-Kolumnist Tassilo Wallentin verweigert, für die am politischen Existenzminimum herumkrebsendem Neos ist der verblühende Charme der Irmgard Griss auch keine Hoffnung mehr. Und so müssen sich die beiden an hyperaktive Kinder erinnernden Nachwuchsparlamentarier Robert Lugar und Matthias Strolz in eigener Person als Volkstribune versuchen. Wie man annehmen darf, mit zu erwartendem mäßigen Erfolg.

Dieses Polit-Promi-Sterben kann man nun eigentlich nicht als politischen Generationenwechsel bezeichnen. Vielleicht in der ÖVP, wo Kurzens Buberl- und Mäderlpartie wohl das Regiment übernehmen wird. Aber schon weniger in der SPÖ, wo Kanzler Kern die Midlife-Crisis auch schon hinter sich hat. Schon gar nicht bei den Grünen, wo eher Politikerinnen vom Typus postklimakterialer Religionslehrerinnen die Macht übernehmen.

Es ist aber überall der Versuch zu konstantieren, neue und andere Gesichter zu präsentieren, weil man einigermaßen verzweifelt feststellen musste, dass die herkömmlichen Parteirepräsentanten nicht mehr ziehen. Einzig die Freiheitlichen haben mit Heinz-Christian Strache seit zwölf Jahren den am längst amtierenden Parteiobmann der Republik, der von sich sagt, er komme nunmehr erst „ins beste politische Alter". Allerdings gibt es natürlich auch in Bezug auf den blauen Oppositionsführer Abnützungs- und Gewöhnungseffekte, seine Strategie aber, sich als stabiler Faktor der österreichischen Innenpolitik zu präsentieren, als einer, „auf den Österreich immer zählen" kann, könnte angesichts der einigermaßen wirren Personalrochaden in der übrigen Parteienlandschaft durchaus erfolgversprechend sein. In schwierigen Zeiten suchen die Menschen Stabilität und Berechenbarkeit, und die Tage, da Strache als Politrabauke und ideologischer Krawallbruder hingestellt werden konnte, sind längst vorbei. Vielmehr scheint er der einzige Spitzenmann in der österreichischen Innenpolitik zu sein, der genug Zeit hatte, politisch auch zu reifen. Die meisten anderen wurden zu großen Stars hochgejubelt, um dann allzu schnell zu verglühen, Wir werden ja sehen, was Sebastian Kurz in zehn Jahren macht. Im Zweifelsfall dürfte er als weißer Elefant im Raiffeisensektor tätig sein. Wetten?

1. KAPITEL

Die Schmiedl-Strategie

Bislang gab es ja die verschiedensten Strategien, unbequeme, weil erfolgreiche oppositionelle Politbewegungen, wie es in Österreich die Freiheitlichen sind, zu bekämpfen und möglichst zu neutralisieren: Zuerst war es die von Franz Vranitzky propagierte Ausgrenzung. Parallel zu dieser Gesprächs- und Kooperationsverweigerung des politischen Establishments gegenüber der FPÖ war natürlich der massive Einsatz der Faschismuskeule vonnöten. Ausgrenzung warum? Na, weil das alles Nazis sind. No na!

Dann versuchte man es mit der Korrumpierung, indem man sie an der Macht beteiligte. Kurzfristig ließ sich ÖVP-Chef Schüssel als jener Politiker feiern, der die freiheitliche

Reformbewegung domestiziert hat. Er habe sie entzaubert, indem er sie in die Macht eingebunden habe, wobei sich herausgestellt habe, wie korrupt und unfähig doch diese Freiheitlichen (damals des Jörg Haider) angeblich waren. Als es nichts nützte, versuchte man – wie in anderen europäischen Staaten im Übrigen auch – vom politischen Establishment gelenkte Parallelparteien mit den ähnlichen Inhalten, wie sie die Freiheitlichen vertreten, zu gründen, um diesen solcherart das Wasser abzugraben. Das BZÖ und das Team Stronach lassen grüßen. Auch diese Maßnahme zeitigte nur mäßigen Erfolg, da die Freiheitlichen weiterhin mit beachtlicher Wählerunterstützung die Finger auf die offenen Wunden des heimischen Politikbetriebs legen konnten.

Und so hat man nunmehr in der höchsten Not die Schmiedl-Strategie entwickelt. All jene freiheitlichen Forderungen, die in den vergangenen Jahren als rassistisch, xenophob, verhetzend oder zumindest EU-rechtswidrig angeprangert wurden, werden nun von den Vertretern der etablierten Parteien für sich reklamiert: Slim-Fit-Kanzler Kern und sein Hauptfeldwebel Doskozil signalisieren plötzlich eine verschärfte Ausländerpolitik. Der Verteidigungsminister lässt sogar einmal eine Herkules-Maschine zwecks Repatriierung abgelehnter Asylwerber abheben. Und Außenminister Kurz will sich vollends als Ausmister profilieren. Er reklamiert für sich, dass er höchstpersönlich die Balkanroute geschlossen habe – Orban hat da offenbar keine Rolle gespielt. Und nun will er dies auch mit der Mittelmeerroute tun. Er will die Kinderbeihilfe, die in Richtung Ausland fließt, reduzieren. Er will Auffanglager für Wirtschaftsmigranten in der Süd-Sahara errichten. Er attackiert die NGOs als Schlepper-Kolporteure usw. usw. Alles Positionen und Forderungen, für die die FPÖ jahrelang als rassistisch gegeißelt wurde.

Vorläufig aber ist es sowohl auf der sozialdemokratischen als auch auf der ÖVP-Seite nur bei schönen Worten und Ankündigungen geblieben, Taten haben die beiden Regierungsparteien kaum gesetzt. Ob sich nunmehr die Österreicher wirklich für blöd verkaufen lassen und den roten und schwarzen Schmiedln folgen werden, oder ob sie sich doch für den Schmied, nämlich für Heinz-Christian Strache und seine Freiheitlichen, entscheiden, werden wir am 15. Oktober, am Tag der Nationalratswahl, sehen.

Nach dem Scheitern der Ausgrenzungsstrategie, dem Versagen der Korrumpierungsstrategie und dem Ende der gegen die FPÖ gegründeten Parallelparteien können wir allerdings annehmen, dass auch die Schmiedl-Strategie scheitern wird. Die Hilflosigkeit des politischen Establishments kann einen beinahe dauern…

1. KAPITEL

Herausgeschossen

4. August 2017

Johannes Hübner, prominenter Wiener Anwalt und hervorragender Jurist, Zur Zeit-Mitgesellschafter und herausragender Exponent des nationalfreiheitlichen Lagers, hat also resigniert. Er, der sprachgewandte, vielsprachige, geopolitische und historisch absolut sattelfeste Spitzen-Außenpolitiker der Freiheitlichen Partei ist dem politisch-medialen Druck gewichen und hat angekündigt, nicht mehr für den Nationalrat zu kandidieren. Er wollte sich das schlicht und einfach nicht antun, bei jeder Kandidatenpräsentation und bei etwaigen Regierungsverhandlungen nach der Wahl immer auf das Neue durch die Medien geprügelt zu werden. Und er hat das bei Gott auch nicht notwendig, weder menschlich noch wirtschaftlich noch politisch.

„Antisemitische Codes" hätte er in einem Vortrag verwendet, hieß es in den Medien, und das aufgrund eines mehr als zweifelhaften „Fachgutachtens" seitens halbseidener, angeblicher Rechtsextremismusexperten wie der immer wieder unter falschem Namen auftretende Andreas Peham aus dem Dokumentations-Archiv des Österreichischen Widerstandes. Eine historische Anekdote nämlich, die aus den 20er und 30er-Jahren datierende Feindschaft zwischen den Staatsrechtlern Carl Schmitt und Hans Kelsen und dessen Verunglimpfung durch Ersteren, war die Grundlage für diese Anschuldigungen. Dass man darauf nach gut einem Jahr erst und just im beginnenden Wahlkampf kam und dies in der rosaroten Gazette veröffentlichte, ist wohl mehr als Zufall, und was dann folgte, dass kennen wir aus anderen Kampagnen – etwa jener gegen den Autor dieser Zeilen vom letzten EU-Wahlkampf. Das Konzert der politisch-korrekten Medien, befeuert von Wortspenden des politischen Establishments – Bundespräsident, Bundeskanzler, Israelitische Kultusgemeinde etc. – versuchte, Hübner und seine Partei unter Druck zu setzen. Bei längerer Fortdauer der Kampagne hätten gewiss auch SOS-Mitmensch und irgendeiner aus der Riege der Staatskünstler, vielleicht der Großpoet Köhlmeier, ihrer Empörung kundgetan. Das bekannte Schema eben, das Hübner nur damit durchbrach, dass er sehr schnell das Handtuch warf. Und damit der FPÖ die Zwangsfixierung auf nur ein Thema, nämlich den angeblichen Antisemitismus, erspart hat.

Zwar waren die beiden Generalsekretäre der Partei ausgerückt, um Hübner zu verteidigen, dennoch muss man sich fragen, ob die FPÖ als einzige Alternative zum etablierten politischen System auf so eine Art und Weise wehrlos ausgeliefert ist, dass jeder Spitzenmann mit hanebüchenen Vorwürfen herausgeschossen werden kann. Ist die Entschlossenheit der Partei, sich niemand herausschießen zu lassen, stark genug? Ist die Solidarität mit den Attackierten nicht entschlossen und breitflächig genug?

Tatsache ist jedenfalls, dass das politische Establishment nunmehr bereits auf ein bewährtes Kampagnen-Schema zurückzugreifen vermag. So wie vor gut drei Jahren beim EU-Wahlkampf hat es auch diesmal funktioniert: Die Mainstream-Medien und die etablierten Wortspender vom Bundespräsidenten abwärts äußern ihre Empörung, dazu gibt es einen Shitstorm in den Sozialen Medien, und schon ist wieder ein freiheitlicher Spitzmann weg. Wer wird der nächste sein, irgendein FPÖ-Abgeordneter, der Angehöriger einer als rechtsextrem denunzierten Burschenschaft ist? Oder jemand, der auf Facebook einmal etwas Radikaleres über die Massenmigration sagt? Alles ist möglich und die Spindoktoren von Rot und Schwarz sind indessen zur Ansicht gelangt, dass es ihnen problemlos möglich, ist, jeden exponierten Freiheitlichen auf diese Art und Weise zu erledigen. Das sollte schon zu denken geben.

1. KAPITEL

Die Kampagne geht weiter

11. August 2017

Österreichs größte Oppositionspartei, die Freiheitlichen unter Heinz-Christian Strache, haben sich offenbar entschlossen, spät in den Wahlkampf zu starten. Während die Kanzlerpartei bei einer groß aufgezogenen Parteisitzung bereits ein 200 Seiten-Wahlprogramm präsentiert hat und die neuerdings Türkis eingefärbte Volkspartei seit der Übernahme der Obmannschaft durch Sebastian Kurz so etwas wie einen Hintergrundwahlkampf führt, wollen die Freiheitlichen erst nach dem Auftritt Heinz-Christian Straches bei den Sommergesprächen in den Wahlkampf starten. Dieser wird somit mit sieben Wochen eher kurz und, wie wir hoffen, heftig sein. Das Motto, unter dem dieser

Wahlkampf gerüchtehalber stehen soll, lautet „Österreich zuerst". Nicht ganz neu und damit nicht sonderlich originell, allerdings nötiger denn je in Zeiten wie diesen.

Die Kampagne gegen die Freiheitlichen läuft bereits seit einiger Zeit mit voller Kraft. Die Spindoktoren aus dem linken Bereich haben dazu erst die angeblichen antisemitischen Codes, die der außenpolitische Sprecher Johannes Hübner benützt haben soll, aus dem Hut gezaubert. Hübner, einer der wenigen Gentlemen in der österreichischen Politik, hat da relativ rasch den Hut drauf g'haut, um nicht den Vorwurf für eine permanente Antisemitismus-Debatte gegen die FPÖ zu liefern.

Und nun muss es natürlich weitergehen, und da es natürlich – rein zufällig, versteht sich – die Nachricht an die Öffentlichkeit gedrungen ist, dass Martin Graf, der vormalige Dritte Präsident des Nationalrates, wieder einen aussichtsreichen Platz auf der freiheitlichen Kandidatenliste bekommen soll. Zwar haben sich alle Vorwürfe, die man seinerzeit gegen Graf erhoben hat, in Luft aufgelöst, und die österreichischen Mainstream-Gazetten mussten dies sehr wohl auf juristischen Druck hin auch berichten. Nun aber will man offenbar von eben denselben Medien wieder Druck aufbauen, so nach dem Motto: Die Freiheitlichen holen ihre Rechtsaußen-Vertreter zurück.

Nun ist Martin Graf ein politisches Schwergewicht und er wird die Fortsetzung dieser Kampagne zu seinen Lasten persönlich zweifellos verkraften. Als politisches Alphatier ist er derlei längst gewohnt. Zu hoffen ist allerdings auch, dass seine Partei die Härte und die Solidarität hat, gegen eine solche Anti-FPÖ-Kampagne den nötigen Widerstand aufzubringen. Der Parteiobmann hat bereits völlig korrekt und zutreffend gemeint, Graf sei schlicht und einfach Teil der „freiheitlichen Familie" und ein unbescholtener Bürger, der selbstverständlich ein Mandat erhalten könne.

Wenn man dann gewissermaßen als Tatarenmeldung hört, dass auch der wegen zeitgeschichtlich bedenklicher Aussagen ausgeschlossene Gurker Bürgermeister Siegfried Kampl rehabilitiert werden soll, weiß man schon, wie diese Kampagne weiter gehen wird. Kurioserweise wird sie insbesondere von einem der ÖVP nahestehenden Blatt getragen. Ganz so, als wollten gewisse Bereiche der Volkspartei eine mögliche Koalition zwischen der Kurz-ÖVP und der Strache-FPÖ für die Zeit nach den Wahlen unmöglich machen. Und ähnliche Motive darf man wohl vermuten, wenn man in der einen oder anderen Gazette dann liest, der Rücktritt von Johannes Hübner sei zwar begrüßenswert, aber viel zu spät gekommen, und die mangelnde Distanzierung der Parteispitze von Hübners Aussagen beweise nur, wes Geistes Kind diese sei: Völlig untauglich für eine Regierungsbeteiligung.

Aber so ist das nun mal in Wahlkampfzeiten, da feiern die Bosheit und die Niedertracht fröhliche Urständ, Diffamierungskampagnen und Schmutzkübelschüttereien sind an der Tagesordnung, und die Wahrheit ist dabei mit Sicherheit ein Kind ihrer Zeit, ein Kind der Wahlkampfzeit nämlich. Die leidgeprüften gelernten Österreicher wissen allerdings hoffentlich, was sie von all dem zu halten haben: Dass es da nämlich ausschließlich um Machterhalt, um die Bewahrung von Pfründen, Posten und hohen Einkommen geht. Ideologie oder gar sachpolitische Argumente sind da zu allermeist nur vorgeschoben. Unappetitlich irgendwie...

1. KAPITEL

Wo sind hier die Populisten?

1. September 2017

Der Wahlkampf zum Nationalrat läuft nunmehr langsam an. Ein wenig träge noch, da noch Schulferien sind und das Sommerloch noch dominiert. Die ersten Wahlkampfauftritte im Fernsehen sind zu sehen. Die Oppositionspolitiker von den Kleinparteien mehr oder weniger angriffig, mehr oder weniger interessant, der Chef der großen freiheitlichen Oppositionspartei eher staatsmännisch und für seine Verhältnisse überaus seriös und zurückhaltend. Die Regierungsvertreter natürlich auf ihre Verdienste pochend. Der Herr Kurz mit seiner scheinbar grunderneuerten ÖVP, mühsam die Triumphgefühle wegen der exorbitant hohen Umfragewerte verbergend und der Kanzler müde und ausgelaugt wirkend, ohne jeden Kanzlerbonus.

Interessant ist, dass der in Wahlkämpfen sattsam bekannte Wettlauf in Sachen Populismus nunmehr offenbar einen Schwarzen Führungsoffizier hat und einen Roten Adjutanten, während der blaue Oppositionschef auf Berechenbarkeit, Seriosität und Sachlichkeit setzt. Allein die Präsentation der ÖVP-Bundesliste mit jenem Rudel an Quereinsteigern zeigt, dass hier nur populäre, sprich populistische Signale gesetzt werden sollen. Und die rote Reichshälfte scheint ausschließlich auf Klassenkampf und auf die Neidgesellschaft zu setzen. „Nimm, was dir zusteht. Hole dir, was du glaubst verlangen zu dürfen. Nimm von den Reichen und gib den vermeintlich Armen." So die ziemlich einfallslose rote Wahlpropaganda.

Bei den Freiheitlichen hingegen ist es schon überraschend, dass hier keinerlei marktschreierische Töne zu vernehmen sind und das auf allzu simplen Populismus in der Tat verzichtet wird. Das in der Vorwoche präsentierte Wirtschaftsprogramm ist nach Ansicht vieler Fachleute ein hervorragendes. Und selbst die FPÖ-kritischen Medien verzichten weitgehend darauf, es in der Luft zu zerfetzen.

Das Motto „Fairness für Österreich", mit dem die Freiheitlichen in die Wahl ziehen, ist auch ein bemerkenswert maßvolles. Darüber hinausführend heißt es zwar „Österreich zuerst", aber auch dieses Motto wird keineswegs aggressiv und angriffslustig gegenüber den politischen Gegnern vorgetragen.

So scheint es also die blaue Wahlkampfstrategie zu sein, sich als regierungsfähiger und regierungswilliger politischer Partner für eine Regierungstätigkeit zu präsentieren. Die natürlich trotzdem kommenden Angriffe vom politischen Gegner, etwa den Versuch eine Antisemitismusdebatte zu starten oder die untergriffige Broschüre des sogenannten Mauthausenkomitees, versucht man nach Möglichkeit zu ignorieren. Nach zwölf Jahren Parteiobmannschaft gibt Heinz-Christian Strache ganz den staatstragenden Oppositionsführer, der nunmehr den logischen Sprung in die Regierungsverantwortung plant.

Ob es allerdings so kommen wird, ist eine ganz andere Frage, denn der bequemste Weg für die bisher regierenden Parteien ist es nach wie vor, diese Partnerschaft des Stillstands und der gegenseitigen Blockade fortzusetzen. Diesmal, wenn die Umfragen recht haben, aber unter umgekehrten Vorzeichen, und der Herr Kurz wird sich mit dem Herrn Doskozil von der SPÖ zweifellos einen willfährigen Partner einhandeln. Dass man einander davor in Regierungsverhandlungen mit der blauen Karte möglichst erpressen will und die eigene Position möglichst verstärken will, ist klar. Eine Schwarz–Blaue oder Rot–Blaue Koalition ist dennoch unwahrscheinlich, da der bequemere Weg in das rot–schwarze bzw. schwarz–rote Faulbett allemal vorgezogen werden dürfte. Dass das dem Land nicht gut tut und dass das weiter den Weg der Reformverweigerung bedeutet, seht auf einem völlig anderen Blatt.

1. KAPITEL

Die Silberstein-Strategie

Kurz anschütten, der
FPÖ unterschieben, das
Ausland mobilisieren

6. Oktober 2017

Victor Adler, Otto Bauer, Bruno Kreisky, wo immer Ihr auch seid's, schaut's oba! Was ist aus Eurer Partei geworden? Aus der altehrwürdigen Arbeiterbewegung, der rot–weiß–roten Sozialdemokratie, jener Partei, die die hundertjährige Geschichte der Republik mit viel Würde und in Ehre begleitet hat? Die von Karl Renner, dem Staatskanzler des Gründungsjahres, bis hinauf in unsere Tage Bundespräsidenten und Bundeskanzler gestellt hat? Zuletzt allerdings einen, der seinen politischen Ahnherren offenbar nicht mehr gerecht werden kann. Und jetzt steht diese große, traditionsreiche politische Bewegung vor der schmählichsten Niederlage ihrer Geschichte. Und zu danken hat sie das einem Klüngel von Wahlkampfberatern, die die alte Tante SPÖ aufgeschminkt hat wie eine billige Nutte, die sich nur durch Vernadern und Denunzieren ihrer Mitbewerberinnen über Wasser halten kann.

Die Silberstein-Strategie könnte man das nennen, was da nun zutage gekommen ist. Da versucht man, einen mit dem neuen ÖVP-Chef Kurz überraschenden, stark antretenden, jungen Konkurrenten zum Ziel einer Schmutzkübel-Kampagne zu machen. Und wie das in diesen Tagen so gängig ist, natürlich über die Social Medias. Diese bilden mit ihrer Anonymität gleichauf die Möglichkeit, die Schuld dafür dem zweiten gefährlichen Konkurrenten zuzuschieben: nämlich den oppositionellen Freiheitlichen! Der Stil dieses „Dirty Campaigning" – bewusst auf rassistisch und antisemitisch hingetrimmt – sollte letzlich natürlich den Anwurf rechtfertigen, dass dies nur vom rechten Rand der Freiheitlichen kommen könne. Wobei man den Boden für diese Anschuldigungen durch die Kampagne gegen Johannes Hübner, den außenpolitischen Sprecher der FPÖ, aufbereitet hat. Diese basierte auf einigen missverständlichen Bemerkungen bei einem Referat vor mehr als einem Jahr, war zweifellos strategisch in den Silbersteinschen Sudelküchen geplant, und wurde dann über linkslinke Medien vorgetragen. Da hätte man dann das Bild einer zumindest an ihren extremen Rändern nach wie vor antisemitischen rechtsextremen Partei allzu schön abrunden können, mit dem Hinweis auf eben jene Internetseiten, die nun bekannt geworden sind.

Und was die Finanzierung derselben betrifft, wo die SPÖ-Granden behaupten, kein roter Euro sei dorthin geflossen, so muss man sich schon an jene Großspender erinnern, die im Vorjahr in die Kampagne gegen den freiheitlichen Bundespräsidentschaftskandidaten Norbert Hofer ganz offen große Summen gesetzt haben. Wie etwa jener Baulöwe, der den Freiheitlichen den Öxit unterzujubeln versuchte. Oder etwa die nachmalig prämierte Kampagne rund um die angebliche Holocaustüberlebende Frau Gertrud. Dabei verschwammen die Grenzen zwischen hochmoralischer Wahlkampfkampagne und Dirty Campaigning auf höchst fragwürdige Weise.

Und noch einen Aspekt dieses Dirty Campaignings, das da in der Silbersteinschen Sudelküche konzipiert wurde, sollte man nicht vergessen: Im Falle einer roten Wahlniederlage sollte offenbar, so wie bereits vor Jahrzehnten bei der Wahl Kurt Waldheims zum Bundespräsidenten und im Jahr 2000 bei der Bildung der blau-schwarzen Regierung durch Jörg Haider und Wolfgang Schüssel, das Ausland mobilisiert werden. SPÖ-Chef Christian Kern hat es nach dem jüngsten EU-Gipfel bereits sehr deutlich durchklingen lassen: Die europäischen Staatschefs hätten „reihum" ihre Befürchtungen über eine freiheitliche Regierungsbeteiligung geäußert. Ganz ähnlich haben im Winter 1999/2000 der damalige SPÖ-Chef Viktor Klima und der seinerzeitige Bundespräsident Thomas Klestil geklungen. Ebenso wie vor mehr als 30 Jahren Fred Sinowatz, als er unter schrillen Begleittönen aus der Sozialistischen Internationale und dem World Jewish Congress bekannt gab, dass, wenn schon nicht Waldheim bei der SA gewesen wäre, so zumindest dessen Pferd. Die internationale Waldheim-Kampagne, die sich natürlich gegen Österreich insgesamt richtete, und die EU-Sanktionen des Jahres 2000, sie scheinen für Tal Silberstein und möglicherweise auch für andere Spindoktoren der SPÖ offenbar taugliche Modelle zu sein, um eine entsprechende Kampagne im Falle einer offenbaren Niederlage loszutreten. Und diese Wahlniederlage scheint indessen aufgrund des Aufkommens der Silbersteinschen Machinationen ziemlich sicher zu sein.

Victor Adler, Otto Bauer und Bruno Kreisky, sie mögen also getrost in ihren Gräbern rotieren. Christian Kern wird das kaum tangieren, wenn er demnächst wieder auf einem hochdotierten Posten in der staatsnahen Wirtschaft zurückkehrt oder vielleicht Nationalbankpräsident oder dergleichen wird. Und Tal Silberstein? Nachdem nunmehr seine Kontakte zur SPÖ-Zentrale in der Löwelstraße, zu den Neos, zum Wiener Bürgermeister und zu anderen hochhonorigen Adressen des heimischen Politestablishments wohl stillgelegt sind, er wird nach Verbüßung einer möglichen Haftstrafe in Israel wohl anderweitig Wahlkampfberatung und Dirty Campaigning betreiben. Vielleicht in Kasachstan, gemeinsam mit seinem alten Freund Gusi, oder in Albanien … Was weiß man, wo derlei Experten überall gefragt sind?

1. KAPITEL

Wahlkampf: Zeit der Lüge und der Heuchelei

22. September 2017

In wenigen Tagen wird in der Bundesrepublik Deutschland gewählt, in wenigen Wochen in Österreich. Und landauf, landab sind die politischen Parteien und die wahlwerbenden Spitzenfunktionäre unterwegs, um beim Wahlvolk für Sympathien und für Stimmen zu werben. Und natürlich ist es durchaus legitim und demokratiepolitisch vertretbar, dass dabei dem Volk aufs Maul geschaut wird. „Populismus" nennt man das wohl, es gehört aber auch zum Wesen der Demokratie, denn das Volk ist ja der Souverän.

Die vox populi aufzugreifen und zu bestärken, um Wählersympathien zu erlangen, ist eine Sache. Eine andere aber ist es, Vorteile für sich und die eigene Partei durch Lügen und Heuchelei herauszuschlagen. Und genau das ist in deutschen Landen in diesen Tagen in übergroßem Ausmaß und auf schier unerträgliche Art und Weise der Fall.

Mutti Merkel, indessen zu einer geradezu Maria-Theresianischen Leibesfülle und Autorität herangewachsen, ist beim nördlichen Nachbarn in allen Umfragen derart unangefochten, dass sie keinerlei selbstkritische Töne in Bezug auf ihr vergangenes politisches Wirken äußern zu müssen glaubt. „Wir schaffen das" hat sie vor zwei Jahren gemeint, und die Deutschen müssen dies wohl oder übel tun, und sei es unter Aufgabe ihrer ethnisch-kulturellen Substanz. Es gäbe kein deutsches Volk, ließ die Kanzlerin uns auch wissen, allenfalls hier lebende Menschen, dass sie auf das „Wohl des deutschen Volkes" vereidigt ist, interessiert sie auch kaum mehr. Und natürlich verharmlost sie auch alle Gefahren der Islamisierung und des islamistischen Terrors. Diese Früchte der Willkommenskultur müssen schlicht und einfach schöngeredet werden.

Massive Heuchelei also aus dem Berliner Kanzleramt, und nicht minder verlogen kommt es aus den Regierungspalästen rund um die Wiener Ringstraße. Österreichs Außenminister heftet sich großspurig den Lorbeer an die Brust, die Balkanroute eigenhändig und allein geschlossen zu haben und er gibt sich ganz als Kämpfer auch für die Schließung der Mittelmeerroute. Überhaupt wird zwischen Wien und Berlin in den Mainstream-Medien so getan, als würde die Migrationsproblematik zügig einer Lösung zugeführt werden. Man liest kaum mehr etwas von Flüchtlingsströmen, die dramatischen Ereignisse im Mittelmeer werden medial weitgehend ausgeblendet, die Probleme mit der Integration, die explodierende Kriminalität, die Radikalisierung der Moslems im Land und die Terrorgefahr werden mit Sicherheit bewusst kleingeschrieben oder gar verschwiegen. Nun im laufenden Wahlkampf könnte dies ja irgendwelchen bösen Rechtspopulisten der Alternative für Deutschland eben oder den österreichischen Freiheitlichen nützen.

Die etablierten Medien sind hier die willigen Helfershelfer der Regierenden, und diese heucheln in der so wesentlichen Migrationsproblematik Lösungskompetenz und Lösungswillen. Dass solche nach erfolgtem Wahlgang wiederum schmerzlich vermisst werden, und dass das Problem umso dramatischer aufbrechen wird, steht für den kritischen Bürger ohnedies außer Zweifel.

Und ähnlich verhält es sich bei vielen anderen vitalen Überlebensfragen von Land und Leuten. Was etwa die Situation auf dem Arbeitsmarkt im Bereich der Arbeitslosigkeit betrifft, so wird diese natürlich vor Wahlen entsprechend geschönt. Was die Wirtschaftsentwicklung insgesamt anlangt, so wird diese in rosigen Tönen geschildert, um den Wählern Optimismus zu suggerieren und den Wahlwerbern große Leistungen anzudichten, und ähnlich verhält es sich natürlich im Bereich der inneren Sicherheit, was Kriminalität und Terrorgefahr betrifft: Alles halb so schlimm, man habe alles im Griff. Das Einzige, was die etablierte Politik in diesen Tage der Lüge und Heuchelei fürchtet, ist, dass womöglich doch irgendein irrer Islamist irgendwo im Lande eine Bombe zündet und sie solcherart Lügen straft.

Für den Durchschnittsbürger aber ist das Herannahen des Wahltages dann ein wahrer Segen. Nicht nur, weil er dort sein Recht als Souverän der demokratischen Republik wahrnehmen kann, sondern auch weil dann die Wochen und Monate der Lüge und Heuchelei endlich enden.

1. KAPITEL

Die sich im Dreck suhlen

13. Oktober 2017

Es ist ganz einfach widerlich: Dieses Maß an Verlogenheit, Heuchelei und Niedertracht, das sich in den letzten Tagen und Wochen im Zusammenhang mit dem Wahlkampf in der Alpenrepublik offenbart hat. Da werden für Unsummen angebliche Wahlkampfexperten aus dem Ausland engagiert, verdienen viele Steuermillionen, die sie über die Parteikassen erhalten, und greifen zu Mittel, die mit demokratischer Wahlwerbung nichts mehr zu tun haben. Die getürkten Internetseiten, die aus dem SPÖ-Umfeld kamen, den ÖVP-Kandidaten schlecht machen sollten und all das so erscheinen hätte lassen sollen, als ob es aus FPÖ-Kreisen käme. Diese Internetseiten sind nur die Spitze des Eisbergs. Was der Hauptakteur dieser widerlichen Politgroteske, ein Herr Tal Silberstein, vor Jahren in einem über ihn gedrehten Dokumentarfilm geäußert hat – nämlich es gehe darum, aus guten Kandidaten schmutzige Kandidaten zu machen – das ist voll gelungen. Und es betrifft nicht nur die SPÖ, die im Mittelpunkt dieses Politskandals steht. Ungeklärt ist leider auch, wie weit die aufstrebende „Neue ÖVP" des sie Türkis einfärbenden Kandidaten Kurz darin involviert ist. Das angebliche Angebot des Pressesprechers von Kurz, hunderttausende Euros – auch das wieder Steuergeld – für einen Seitenwechsel des einen oder anderen Silberstein-Knaben zu bezahlen, ist nach wie vor nicht wirklich widerlegt. Und die Aussagen all dieser Polithasardeure aus der angeblichen Werbebranche, die da von österreichischer Seite involviert sind, beweisen, dass es ein richtiges Kartell rund um die etablierten Parteien des Landes gibt, die sich für solche Machinationen hergeben.

Da hat etwa ein gewisser Herr Puller, einer der Helfershelfer des Herrn Silberstein, ursprünglich für die steierische Volkspartei gearbeitet, um im Wahlkampf den SPÖ-Landeshauptmann Voves zu verunglimpfen. Danach hat er sich bei den ach so braven NEOs – man bedenke, das ist das Umfeld des Herrn Haselsteiner – verdingt, um schließlich bei Herrn Silberstein zu landen und indirekt für die SPÖ zu arbeiten. In einem Interview hat eben dieser Herr Puller geäußert, er sei schließlich „ein Kaufmann" und müsse dort arbeiten, wo er Geld verdienen könne, nur – und das hat er ganz politisch korrekt und bieder betont – für die FPÖ würde er niemals arbeiten!

Danke, Herr Puller, für diese Aussage, denn sie zeigt, den angewiderten Bürger und Wähler, dass es hier im Lande offenbar nur eine saubere Seite gibt, nämlich die der freiheitlichen Opposition. Sie, die seit Jahren als rassistisch, xenophob und antisemitisch verunglimpft wird, sie ist als einzige bei diesen Machinationen nicht involviert. Ganz im Gegenteil, sie sollte durch die antisemitischen Untertöne der Silberstein-Kampagne als Verursacher in den Skandal hinein gezogen werden. Da weiß man dann schon recht gut, was von den Antisemitismus-Vorwürfen gegenüber der FPÖ aus den Reihen der etablierten Parteien zu halten ist.

Da hört man vom politisch-superkorrektem Mauthausen-Komitee, das bekanntlich von ÖGB, Katholischer Bischofskonferenz und israelitischer Kultusgemeinde getragen wird, keine mahnenden Worte, obwohl der über Silberstein verbreitete Fake-Antisemitismus solche durchaus verdienen würde. Und gewiss hat in den Reihen in den wahlkämpfenden Sozialdemokraten auch niemand bedacht, das die Machinationen des Herrn Silberstein und der ganze Skandal, der sich um seine Person rankt, alle antisemitischen Klischees, die es einmal gab – Gottlob sind diese in der autochthonen, österreichischen Bevölkerung nur mehr in ganz geringen Spurenelementen als Reste vorhanden –, bestätigt und somit aufwärmt. Jene, die den Freiheitlichen Antisemitismus nachsagen und andichten wollen, schüren diesen mutwillig durch Affären wie den Silberstein-Skandal.

Doch nun, im Vorfeld einer für Österreich schicksalshaften Nationalratswahl, putzen sich die etablierten Parteien ab, die türkise Truppe des Herrn Kurz will nichts davon wissen, dass sie die vorgezogenen Neuwahlen und den von ihr angestrebten Machtwechsel seit Jahresfrist generalstabsmäßig vorbereitet, und natürlich beteuert sie auch moralinsauer, dass sie zu keinerlei unredlichen Mitteln dabei gegriffen hätte. Die auf frischer Tat ertappte SPÖ lässt das eine oder andere Bauernopfer über die Klinge springen und schreibt ansonsten: Haltet den Dieb! Und der zuneh-

mend in die Enge getriebene SPÖ-Chef und Noch-Kanz-
ler mimt den redlichen Politiker, der von all dem nichts ge-
wusst haben will. Dass Tal Silberstein allerdings Experte
für „Dirty-Campaning" ist, war landläufig bekannt, und
auch Unkenntnis – sollte man diese dem Herrn Kern ab-
nehmen – schützt bekanntlich nicht vor Strafe.

Wie auch immer nun die Wahl ausgehen wird und auch
wenn der gelernte Österreich endlich in der Lage sein
wird, das im Land bislang dominierende Kartell aus Po-
litheuchlern, eitlen Selbstdarstellern und Volksbetrügern
endlich abzuwählen, bleibt es eine traurige Tatsache, dass
die Demokratie im Lande durch diesen schmutzigsten aller
Wahlkämpfe, den die Alpenrepublik nach 1945 erlebt hat,
massiven Schaden genommen hat. Dieser Skandal bleibt
unrühmlich mit dem Namen des Schmutzkübel-Wahlkamp-
fexperten Tal Silberstein verbunden, die politische Verantwortung dafür allerdings trägt letztlich der SPÖ-Chef und
Bundeskanzler Christian Kern. So sehr auch Exponenten
der anderen etablierten Partei da oder dort zu ähnlichen
Methoden gegriffen haben mögen, in erster Linie bleibt es
doch ein SPÖ-Skandal, der gezeigt hat, zu welchen Mitteln
die rote Gutmenschentruppe greifen kann, wenn es um ihren Machterhalt geht. Der Bürger wendet sich mit Grau-
sen...

1. KAPITEL

Vom Ende der Proporz-Republik

Die Teilung des Landes in
Rot und Schwarz trägt nicht
mehr – eine Analyse

13. Oktober 2017

Angeblich sind ihre Anfänge in der Lagerstraße des Konzentrationslagers Dachau zu suchen: Die der großen Koalition zwischen Sozialdemokraten und Christlich-Konservativen, die des rot–schwarzen Proporzes in Österreich. Die von den Nationalsozialisten inhaftierten Politiker der ersten österreichischen Republik waren durch das gemeinsam durchlittene Leid demokratisch gereift und willens, die alten Konflikte aus den 20er und 30er-Jahren zu überwinden, so zumindest die politisch-romantisierende Gründungslegende für die große Koalition, den rot–schwarzen Proporz und die Herrschaft der Sozialpartner, welche die zweite österreichische Republik bislang beherrschten.

Tatsächlich war im ersten Jahrzehnt nach dem Kriegsende, zur Zeit der alliierten Besatzung, eine Zusammenarbeit
aller relevanten politischen Kräfte vonnöten, um dem Land
wieder Souveränität und Freiheit zu erkämpfen. Das Ringen um den Staatsvertrag wurde zweifelsohne von Schwarz
und Rot gemeinsam getragen. Figl und Raab, Renner und
Schärf, sie waren sicher Persönlichkeiten, die bis hin in die
50er-Jahre die breite Mehrheit der Österreicher repräsen-
tierten. Die bald marginalisierten Kommunisten galten
von Anbeginn als Handlanger der Sowjets, der Verband
der Unabhängigen, durch den das nationalliberale Lager
wieder in das politische Geschehen eingreifen wollte, blieb
ein politischer Außenseiter. Demgemäß konnten sich SPÖ
und ÖVP, gedeckt durch eine von ihnen gebildete große
Koalition, das Land in allen seinen öffentlichen und halb-
öffentlichen Bereichen bequem aufteilen. Die Sozialpartnerschaft zwischen Gewerkschaften und Arbeitgebern und
die ständestaatlichen Reste, die sich im Kammerstaat, in der
Wirtschaftskammer, in der Arbeiterkammer primär mani-
festierten, stützten dieses schwarz–rote bzw. rot–schwarze
Proporzsystem zusätzlich ab.

Und so war die Zweite Republik von Anbeginn in zwei
Reichshälften geteilt: eine rote und eine schwarze. So gab
es vorwiegend schwarze Landeshauptleute, in der Bun-
deshauptstadt Wien und in Kärnten aber verlässlich rote,
später auch im Burgenland. Die Bundesbehörden, die Lan-
desbehörden waren nach diesem schwarz–roten Proporz
geteilt, natürlich auch die Landesregierungen und die Be-
zirkshauptmannschaften. Die Justiz, vom Verfassungsge-
richtshof abwärts, war von schwarzen und roten Parteigän-
gern besetzt, die Schulen, die Universitäten und natürlich
auch der große Bereich der verstaatlichten Industrie und
jener aller staatsnahen Betriebe, von der Bundesbahn über

die Post und selbst das Bundesheer, wurden in schwarze und rote Einflusssphären aufgeteilt. Natürlich auch das Bankwesen und die Versicherungswirtschaft, selbst der Kulturbetrieb, von den Staatsbühnen angefangen bis hin zu den großen Buchverlagen, und natürlich die Medienlandschaft des Landes, angefangen vom staatlichen Rundfunk, waren diesem schwarz–roten Proporzsystem unterworfen. Ein ganzer Staat als Beute zweier politischer Parteien.

Auf der parteipolitischen und parlamentarischen Ebene und damit auf jener der Bundesregierungen gab es naturgemäß ein Ringen um die Vorherrschaft zwischen beiden großen Parteien. Nachdem die große Koalition, in ihrer ersten Phase ÖVP dominiert, bis 1966 gehalten hatte, kam es danach zu einer schwarzen Alleinregierung unter Josef Klaus, die 1970 von der Minderheitsregierung Bruno Kreiskys abgelöst wurde. Die darauffolgende SPÖ-Dominanz sollte bis 1983 andauern, um dann erstmals von einer Regierung mit FPÖ-Beteiligung abgelöst zu werden. In all diesen Jahrzehnten blieb die Aufteilung des Staates in eine rote und eine schwarze Domäne aufrecht, blieb die Sozialpartnerschaft als Nebenregierung voll funktionsfähig und blieb der Proporz das Gestaltungsmodell der Zweiten Republik.

Der VdU und die Freiheitlichen, also die Parteien des nationalliberalen Lagers, galten als die Zuspätgekommenen der Zweiten Republik und wurden überdies mit dem Stigma des NS-Erbes punziert. Sie sollten an dieser Aufteilung des Staates keinen Anteil haben dürfen und liefen nicht zuletzt deshalb gegen den Proporz von Anbeginn ihres politischen Wirkens Sturm. Als die rot–blaue Koalition unter SPÖ-Chef Sinowatz und FPÖ-Obmann Steger und der damit verbundene, eher schwächliche Versuch, den Proporz mit einer freiheitlich-liberalen Beteiligung zu ergänzen, im

Jahre 1986 scheiterte, begann in der Folge der freiheitliche Sturmlauf gegen die rot–schwarze Aufteilung des Landes. Der neue FPÖ-Chef Jörg Haider wandelte die alte nationalliberale Honoratiorenpartei FPÖ in eine plebiszitäre Emanzipationsbewegung gegen den rot–schwarzen Proporz. In kaum eineinhalb Jahrzehnten fundamental-oppositioneller Politik gelang es ihm mittels zunehmender Wahlerfolge, die große Koalition in ihrer zweiten Phase, welche durch den SPÖ-Chef Franz Vranitzky dominiert war, aufzubrechen. Im Jahr 2000 kam es folgerichtig zur ersten blau–schwarzen Koalition unter Wolfgang Schüssel von Haiders Gnaden. Der damit verbundene Versuch, die Macht der Sozialpartner zurück zu beschneiden und den rot–schwarzen Proporz nach und nach zu beenden, hatte nur bedingt Erfolg. Die einigermaßen tückische Politik der ÖVP, den blauen Koalitionspartner ausbluten zu lassen, zu schwächen und schließlich nach der Nationalratswahl des Jahres 2002 zum schwachen Mehrheitsbeschaffer zu degradieren, und die mangelnde Professionalität und Korruptionsanfälligkeit der Haiderischen Buberlpartie ließen dieses erste blau–schwarze bzw. schwarz–blaue Regierungsmodell scheitern.

Im Jahr 2006 war es soweit: Die alte große Koalition zwischen SPÖ und ÖVP konnte fröhliche Urständ feiern, um das Land für ein weiteres Jahrzehnt bis zum heutigen Tag zu regieren. Der rot–schwarze Proporz – ausgedünnt zwar durch die vorhergehende Politik der Privatisierung und Deregulierung im Wirtschaftsbereich – blieb erhalten.

Die Koalition zwischen SPÖ und ÖVP war aber längst keine große Koalition mehr, sondern nur noch eine Rest-Koalition, die kaum über eine Mehrheit in der Bevölkerung verfügte und auf bloßen Machterhalt ausgerichtet war. Die gegenseitige Blockierung und die zunehmenden

Antipathie zwischen den Akteuren, aber auch die Erfolg-
losigkeit der Koalitionsparteien gegenüber der aufstrebenden Strache-FPÖ mussten letztlich zu jener politischen
Situation führen, in der sich Österreich jetzt unmittelbar
vor diesem Nationalratswahlgang befindet: Bereits bei der
vorjährigen Bundespräsidentschaftswahl mussten die Koalitionsparteien brutale Niederlagen hinnehmen, mit kaum
zehn Prozent der Wählerstimmen stanken ihre Kandidaten
im ersten Wahlgang ab. Die Sozialdemokratie, die offenbar
in ihrer Panik, die Macht im Lande aus den Händen geben zu müssen, zu allen, auch unmoralischen, Mitteln zu
greifen bereit ist, könnte nunmehr auf einen historischen
Tiefstand abstürzen. Die Volkspartei, die diesen Tiefstand
in den Umfragen lange Jahre bereits innehatte, vermag
sich gegenwärtig nur durch Camouflage, durch Selbstver-
leugnung und die Übernahme einer anderen Programmatik, nämlich der der oppositionellen FPÖ, auf Erfolgskurs
zu halten. Wie lange ihr juveniler neuer Parteichef diesen
Kurs der Camouflage aufrecht zu erhalten vermag und ob
er nur einigermaßen in der Lage sein wird, sein Vorwahl-
versprechen umzusetzen, bleibt abzuwarten. Mehr oder
weniger ist allerdings fix, dass er im Falle seines zu erwar-
tenden relativen Wahlerfolgs den Weg zurück in die überlebte schwarz–rote Altparteienkoalition nicht wagen wird
können. Die Aversion des Wahlvolkes allzumal nach den
jüngsten gegenseitigen Schmutzkübel-Kampagnen ist dafür zweifellos zu groß geworden.

Sollte die Türkis eingefärbte Kurz-ÖVP nunmehr
tatsächlich den Bruch des alten rot–schwarzen Propor-
zsystems und eine Entmachtung der Sozialpartner-Ne-
benregierung wagen, indem sie sich mit den erstarkten
Freiheitlichen Straches auf Regierungsebene zusammentut,
muss man allerdings davon ausgehen, dass eine solche Part-

nerschaft auch nur beschränkt von ehrlichen gemeinsamen Reformwillen getragen sein wird. Allzu groß dürfte die Versuchung für die ÖVP sein, jenes Spiel zu wiederholen, das Wolfgang Schüssel im Jahr 2002 gespielt hat, als er die mangelnde Professionalität des freiheitlichen Regierungspartner nützte, um die gemeinsame Koalition platzen zu lassen und die FPÖ-Wählerschaft im wahrsten Sinne des Wortes „abräumen" konnte. Seit den Tagen von Julius Raab gilt in der ÖVP in der Politik gegenüber den Freiheitlichen eben die Maxime: „Die werden wir inhalieren".

Das Klima innerhalb der rot–schwarz dominierten Sozialpartnerschaft allerdings dürfte irreparabel beschädigt sein, und die Bastionen des rot–schwarzen Proporzes in der öffentlichen Verwaltung, in der staatsnahen Wirtschaft, im Bildungswesen, im Gesundheitswesen und in der Versicherungs- und Bankwirtschaft haben auch längst zu bröckeln begonnen. Die Proporzrepublik, wie sie sich 1945 begründete, dürfte also ihrem Ende zutaumeln. Ob es stattdessen durch freiheitlichen Einfluss zu einem Gemeinwesen des fairen Wettbewerbs, des freien Spiels der Kräfte und der transparenten Konkurrenz zwischen den besten Ideen und den besten Persönlichkeit kommt, bleibt zu hoffen. Insgesamt jedenfalls kann konstatiert werden, dass das als konsensdemokratisch geschönt bezeichnete politische System des Landes, welches durch das Prinzip Mauschelei geprägt war, durch eine eher konfliktorientierte konfrontative Politik abgelöst werden wird. Und das könnte für die demokratische Entwicklung Österreichs durchaus fruchtbar sein.

1. KAPITEL

Nach der Wahl

Die Stunde der Taktiker

20. Oktober 2017

Die Wahl geschlagen, der Bürger als Souverän der Republik hat gesprochen. Der Wählerauftrag lässt nicht nur eine Interpretation, sondern im österreichischen Fall des Oktober 2017 auch mehrere Varianten zu. Konkret die Neuauflage der Altkoalition zwischen Schwarz und Rot, dann eine Mitte-Rechts-Koalition zwischen Schwarz und Blau, aber auch die einer sozialistisch-freiheitlichen Koalition, gewissermaßen als Retourkutsche für die Koalitionsbildung des Jahres 2000, in der der Wahlverlierer von den Freiheitlichen zum Kanzler gemacht wurde. Und schließlich gibt es natürlich auch noch die Möglichkeit einer Minderheitsregierung des türkiseingefärbten Wahlsiegers.

Verifiziert und damit letztgültig festgestellt kann dieser Wählerwille erst bei der nächsten Wahl werden, wenn es darum geht, wie weit der Wahlbürger eine dieser Varianten im Nachhinein bestätigt und mit seiner Stimme belohnt.

Nun aber hat die Stunde der Taktiker geschlagen, der Regierungsverhandler, der Parteistrategen und ihrer Berater und Einflüsterer. Und natürlich die Stunde der mehr oder minder unabhängigen Medien, die da als Begleitmusik Stimmung für die eine oder andere Variante machen.

Der Stehsatz des vergangenen Wahlkampfs und auch noch der Kommentare in der Wahlnacht lautete „Veränderung", das Land brauche eben eine solche „Veränderung". Wie diese aussehen soll, das hat der eigentliche Wahlsieger bislang eher im Vagen gelassen, und die zweiten Wahlsieger, die Freiheitlichen, die dieses Schlagwort auch benützen, verweisen dazu auch ganz allgemein auf ihre bisherigen langjährigen Forderungen. Was also ganz konkret und mit welchen Detailregelungen verändert werden soll in unserem Lande, das wissen wir vorläufig nicht. Erste konkrete Hinweise werden es dann wohl erst in einem Regierungsprogramm, das mit einer der zuvor skizzierten Varianten vorgelegt werden muss, erkennbar sein.

Nun wäre es schön, wenn bei den anstehenden Verhandlungen in erster Linie das Wohl von Volk und Land, das Staatswohl, im Mittelpunkt stehen würde. Allein dies ist wohl frommes Wunschdenken. Zumeist – und das lehrt auch die österreichische Geschichte – steht das Parteiwohl oder gar der Eigennutz der agierenden Personen im Mittelpunkt solcher Verhandlungen. Welcher Partei gelingt es besser, potentielle Partner über den Tisch zu ziehen, sie für die eigenen Ziele zu vereinnahmen? Wer wird diese oder jene hohe Funktion einnehmen, wer wird Minister, wer Staatssekretär? Wie viele aus den Reihen der eigenen

Parteigänger vermag man in wohldotierten Positionen zu versorgen? Darüber hinaus aber geht es aus ebenso wenig uneigennützigen Gründen auch darum, wer welchen seiner Programmpunkte seines Wahlversprechens und seines Parteiprogramms umsetzt. Vorgeblich zum Nutzen des Landes, in Wahrheit eher zum Wohle der eigenen Partei, da diese ja auch in der Folge medial Zuspruch und Wählerzustimmung erhalten will.

Was die Gemeinsamkeiten der großen Akteure in diesem Spiel betrifft, so müsste es wohl diesmal zu einer schwarz–blauen Koalition kommen. Denn der junge Parteichef der Volkspartei hat die dogmengeschichtliche Verortung der Partei und deren gültiges Parteiprogramm wohl ziemlich bewusst in den Hintergrund gedrängt und viele programmatische Forderungen der oppositionellen FPÖ übernommen. Nachdem das Hauptmotiv der Wähler die Migrations- und Flüchtlingsfrage war, sollte eine entschiedene Politik zu deren Lösung nicht nur im Staatsinteresse, sondern wohl auch im Interesse der beiden Parteien liegen, sollte gemeinsames Agieren, sprich eine gemeinsame Koalitionsregierung, denkbar sein.

Allein für die Taktiker, deren Stunde, wie gesagt, geschlagen hat, ist dies natürlich zu kurz gedacht. Sie haben neben inhaltlichen Übereinstimmungen in erster Linie im Auge, welchen Nutzen, welchen Einfluss, welche Macht und Geldmittel, welche Positionen die eigene Partei in einer Koalition wird einnehmen können. Wer bekommt welches Ministerium, wer bekommt die Mittel für das eine oder andere seiner Projekte, wer vermag Einfluss auf die Medien zu nehmen, wer kann sein Klientel befriedigen, mit Wohnungen und Arbeitsstellen versorgen. Sind dem einen die Wirtschaft, die Industrie und das Gewerbe wichtig, so ist es dem anderen der vielzitierte kleine Mann. Und natürlich geht es dabei immer auch darum, mögliche Partner oder auch politische Gegner auszubremsen, ins Messer laufen zu lassen, unmittelbar oder zumindest mittel- und langfristig zu schädigen. Das ist eines der unerfreulichen Prinzipien der Parteiendemokratie.

Wir werden nun sehen, ob sich Schwarz und Blau einigen oder ob die Sozialdemokratie der Versuchung erliegt, mithilfe der FPÖ eine Retourkutsche für die Regierungsbildung Haider/Schüssel im Jahre 2000 zu konstruieren. Oder ob es nur die Neuauflage des ewig Gleichen, nämlich der alten rot–schwarzen bzw. schwarz–roten Koalition gibt. Und wenn, zu welchen Bedingungen dann der Wahlsieger Sebastian Kurz eine dieser Koalitionen eingeht. Beispiele für besonders hinterhältiges, aber umso gelungeneres Taktieren finden sich in der jüngeren österreichischen Geschichte ja mehrere: Da ist einmal das Jahr 2000, wo der große Wahlverlierer ÖVP-Chef Wolfgang Schüssel, der den Gang in die Opposition versprochen hatte, mit Haiders Hilfe doch noch zum Bundeskanzler gemacht wurde. Die weitaus stärkste Partei, die Sozialdemokratie, wurde da kalt ausgebremst, und Haiders FPÖ, die ja stärker war als die ÖVP, verzichtete in vorläufiger Bescheidenheit auf das Kanzleramt. Eine Bescheidenheit, die sich – so sind sich die Zeitgeschichtler indessen einig – rächen sollte, denn die Nichtteilnahme des starken Manns der FPÖ an der Regierung barg von Anfang an großes Sprengpotential.

Oder dann ist da die Regierungsübernahme von Bruno Kreisky im Jahre 1970: Obwohl er vorläufig noch keine absolute Mehrheit erreichte, bildete er mit freiheitlicher Duldung eine Minderheitsregierung , bescherte der FPÖ ein kleinparteienfreundliches Wahlrecht, das ihr zum Überleben verhalf und errang bei Neuwahlen nach nur einem

Jahr die absolute Mehrheit, die er für nahezu eineinhalb Jahrzehnte behalten sollte.

Taktieren in dieser Perfektion wird den schwarz/türkisen Verhandlern dieser Tage wohl kaum gelingen. Eine Minderheitsregierung von Sebastian Kurz wird im Parlament von Seiten der SPÖ und der FPÖ wohl kaum über allzu große Duldung verfügen können. Und im Falle von vorgezogenen Neuwahlen wäre Kurz noch meilenweit von einer absoluten Mehrheit entfernt, wie sie Bruno Kreisky damals erringen konnte. Der von Wahlsieger Kurz aber während des Wahlkampfs viel beschworene „neue Stil" des von ihm geplanten Regierens lässt allerdings erwarten, dass er sich diesbezüglich noch einige Winkelzüge vorbehalten hat. Ob das von ihm Geplante verfassungsmäßig zulässig ist, ob es politisch-pragmatisch funktionieren kann, und ob es Zustimmung in der Mehrheit der Bevölkerung findet, ist eine ganz andere Frage. Vorläufig aber sind einmal die Taktiker am Zug – in erster Linie jene, die hinter dem Wahlsieger stehen.

1. KAPITEL

Volksvertretung

17. November 2017

Nun hat sich also in der Vorwoche der neue Nationalrat konstituiert, wobei viele neue Gesichter in der Volksvertretung vorzufinden sind. Neben gut 60 türkis–schwarzen Abgeordneten finden sich 52 Sozialdemokraten und immerhin 51 Freiheitliche, daneben noch zwei Handvoll Abgeordnete der beiden Splittergruppen, der unsäglichen Pilz-Truppe und der nicht mehr sonderlichen interessanten Neos. Mit einer satten Mehrheit von mehr als 110 Abgeordneten könnte also eine künftige Mitte-Rechts-Regierung zwischen ÖVP und FPÖ rechnen. Eine Mehrheit, die nicht nur die Möglichkeit zu umfassenden Reformen gibt, sondern geradezu die Verpflichtung dafür mit sich bringt. Für

verfassungsändernde Gesetze würde diese Mehrheit allerdings noch die Stimmen der NEOs benötigen, um zwei
Drittel der Abgeordneten hinter sich zu versammeln. Auch
wenn nun die neue Regierung deklariertermaßen stärkere
direkt-demokratische Elemente einführen will, verpflichtende Volksabstimmungen usw., bleibt der Nationalrat dennoch die erstrangige Volksvertretung der Republik. Die
Verantwortung, welche die Abgeordneten somit haben,
sollte ihnen dementsprechend auch wirklich bewusst sein.
Das Wohl und Wehe der Republik und damit von Land und
Leuten lastet auf ihren Schultern.

Apropos Republik: 100 Jahre nach der Gründung
derselben in den Herbsttagen des Jahres 1918 haben die
Freiheitlichen dabei wieder eine besondere Rolle. Damals war es die große Mehrheit der nationalliberalen
deutsch-freiheitlichen Abgeordneten, die in der Provisorischen Nationalversammlung das Sagen hatten. Das
war auch der Grund, warum ihr Vertreter, der Präsident
der Provisorischen Nationalversammlung, der Burschenschafter Franz Dinghofer, am 12. November 1918 von
der Rampe des Parlaments die Ausrufung der Republik
vornahm. Politische Größe bewiesen diese deutsch-freiheitlichen Abgeordneten auch, weil sie nicht einen der
ihren, sondern den Sozialdemokraten Karl Renner zum
Staatskanzler machten, dies wohl auch deshalb, um auf
diesem Weg die Sozialdemokratie zur Disziplinierung der
Straße zu bewegen, zur Verhinderung einer drohenden
kommunistischen Räterepublik.

Heute sind die Freiheitlichen zwar nicht wie damals
eine Mehrheit in der Volksvertretung, sie sind aber durch
ihren jüngsten Wahlerfolg die Königsmacher für eine neue
Regierung und der Reformmotor für eine solch neuzubil-
dende Regierungskoalition. Deutsch-freiheitliche Abgeord-

nete standen also an der Wiege der Republik, sie stehen heute wieder am Beginn eines neuen Reformzeitalters.

Wichtig in der neuen Volksvertretung ist aber auch die Rolle der Opposition. Nachdem die Freiheitlichen im letzten Jahrzehnt so etwas wie eine staatstragende, wenn auch bisweilen fundamentalistische Oppositionsrolle gespielt haben, lastet diese Verantwortung nun auf der linken Reichshälfte der Volksvertretung. Nun sind die Grünen aus dem Parlament geflogen, die Liste Pilz ist durch ihren Sexismus-Skandal geschwächt, und die geschlagene Sozialdemokratie ist schwer desorientiert. Dennoch wird es an den Abgeordneten der Linken liegen, sich neu zu erfinden und ihrerseits eine für das Land und die heimische Demokratie notwendige konstruktive Opposition zu formieren. Diese ist als Kontrollinstanz und als Korrektiv gegenüber der neuen Mitte-Rechts-Regierung zweifellos demokratiepolitisch notwendig.

Insgesamt aber bringt die Ablösung der alten rot–schwarzen Proporzregierung und die Zurückdrängung der Sozialpartnerschaft als Proporz-Nebenregierung die Möglichkeit zu einer Belebung der österreichischen Demokratie. Anstatt alles im schwarz–roten Proporz auszumauscheln, kann es nun lebhaften demokratischen Diskurs und demokratische Kontroverse zwischen einer Mitte-Rechts-Regierung und einer Mitte-Links-Opposition geben. Etwas, was dem Land und der Republik durchaus gut tun kann.

1. KAPITEL

Eine kleine konservative Revolution?

Wahrnehmungen
zum türkis–blauen
Regierungsprogramm

8. Dezember 2017

Das Land braucht Veränderung, hieß es im vergangenen Nationalratswahlkampf, und unter diesem Schlagwort vermochte der juvenile ÖVP-Chef die Mehrheit der Wähler hinter sich zu versammeln. Wie diese „Veränderung" aussehen soll, hat er im Wahlkampf nicht so wirklich präzisiert. Etwa 60 Prozent der Österreicher, die Wähler von ÖVP und FPÖ, haben diese Veränderung wohl so für sich interpretiert, wie sie die meisten politischen Beobachter und Analytiker deuteten: Kurz wurde wegen der sehr effektiven und offenbar glaubwürdigen Übernahme breiter Teile der freiheitlichen Oppositionsforderungen der letzten Jahre gewählt. Die Österreicher haben also in ihrer Mehrheit freiheitliche Programmatik – insbesondere in Sachen Migration und Ausländerfrage – als Maßstab für die notwendige Veränderung des Landes akzeptiert.

Das nunmehr vorliegende Regierungsprogramm scheint dem in weiten Teilen Rechnung zu tragen, und nicht umsonst wird es deshalb von der linken Opposition und den politisch-korrekten Gazetten als „retro" – als reaktionär und rückwärtsgewandt – gebrandmarkt. Kommentatoren von Seiten des Boulevards (so etwa „Österreich"-Herausgeber Wolfgang Fellner) bewerten es hingegen als „brav" und vielleicht sogar als notwendig im Hinblick auf viele Kurskorrekturen, aber als keineswegs großen Wurf.

Bei vordergründiger Betrachtung sieht es in der Tat so aus, als würde man in mancherlei Hinsicht, insbesondere in gesellschaftspolitischer, zurück in die Ära vor den sozialdemokratischen Reformen gehen. Das Bildungskonzept etwa sei ein Rückschritt in die 50er-Jahre, heißt es von oppositioneller Seite, und in der Tat versucht man im Schulbereich ganz offensichtlich an jene Zeit anzuknüpfen, da Österreich eines der besten und effizientesten Schulsystem der Welt hatte, also in der Ära vor den linken Schulversuchen und ständigen Reformen und Experimenten. Man will leistungsorientiert sein, den Schülern ein klares Bewertungs- und Wertesystem vermitteln, die Lehrer in die Pflicht nehmen, zuallererst die grundlegenden Kulturtechniken, Schreiben, Lesen und Rechnen vermitteln und sich an der Leitkultur des Landes – die verpflichtende Kenntnis der deutschen Staatssprache – orientieren.

Das mag in den Augen vieler Linker „retro" sein, es ist aber vielmehr der bildungspolitische Versuch, dem Teufelskreis von Experimenten, Reformen und kulturmarxistischen Utopien zu entkommen und ein Bildungssystem wiederzubeleben, das sich über Generationen bewährt hatte.

Eine Konzeption also wertkonservativ im besten Sinne des Wortes.

Auch im wirtschaftspolitischen Bereich ist mit der angekündigten Senkung des Abgabenquote von 45 auf 40 Prozent und der geplanten Förderung des Wirtschaftsstandortes Österreich und all den ins Auge gefassten Unterstützungsmaßnahmen für den Mittelstand so etwas wie ein wertkonservativer Weg angedacht. Leistung soll sich wieder lohnen, risikofreudiger Unternehmergeist und eine sozial abgesicherte loyale Arbeitnehmerschaft sollen die sich gegenwärtig abzeichnende Belebung der Konjunktur stützen und steigern.

Im Bereich der Bevölkerungspolitik und der Zuwanderungsfrage wird es deutlich schärfere Bestimmungen geben, das Ende des Zeitalters der Massenzuwanderung sollte für die Alpenrepublik nunmehr anbrechen. An der Rückführung abgelehnter Asylsuchender und illegal im Land befindlicher Ausländer wird kein Weg vorbei führen, und für die übrigen im Land befindlichen Zuwanderer wird es eine Integrationspflicht geben, die sich zuallererst im Erwerb der deutschen Staatssprache manifestieren wird. Die durch die Massenzuwanderung in den letzten Jahren so häufig in Frage gestellte innere Sicherheit wird durch eine Stärkung der Exekutive bekämpft werden, und die Landesverteidigung – gerade im Sinne des Schutzes der Außengrenzen – wird deutliche Priorität erhalten. „Home Security" – wenn man schon den aus der Zwischenkriegszeit belasteten Begriff „Heimatschutz" ablehnt – wird also eine vordringliche Aufgabe der neuen Regierung sein, und auch das darf als dezidiert wertkonservative Haltung eingestuft werden.

Wie weit die neue Regierung die Kraft haben wird, etwa im Zuge der EU-Ratspräsidentschaft im Jahre 2018 gegenüber Brüssel das Prinzip der Subsidiarität zu betonen, bleibt abzuwarten. Einerseits will man ja einen klaren europafreundlichen Kurs fahren, andererseits einer weiteren Stärkung des Brüsseler Zentralismus entgegentreten. Auch diesbezüglich ist so etwas wie eine freiheitliche Handschrift zu erkennen, da die FPÖ sicher immer als Europapartei, aber als EU-skeptische Kraft der europapolitischen Reformen dargestellt hat.

Im sozialpolitischen Bereich wird es zweifellos dazu kommen, dass die Transferleistungen des Staates primär den eigenen Staatsbürgern vorbehalten werden. Bereits die vor der Wahl diskutierte Kürzung des Kindergeldes für im Ausland lebende Kinder ist ein Beispiel für diese Haltung. Die einheitliche Regelung der Mindestsicherung für Zuwanderer und Asylwerber stellt ebenso eine Maßnahme in diesem Sinne dar. Zu hoffen ist, dass die nach wie vor drohende Überdehnung des historisch gewachsenen österreichischen Sozialsystems mit derlei Maßnahmen abgewandt werden kann. Die rot-weiß-rote Solidargemeinschaft und der heimische Generationenvertrag könnten andernfalls für die Zukunft wohl kaum sichergestellt werden.

Auch die Verstärkung direkt-demokratischer Mechanismen durch die neue Bundesregierung darf als Teil eines wertkonservativen Programms gewertet werden. Parlamentarische, repräsentative Demokratie ist nämlich hierzulande wie auch in anderen west- und mitteleuropäischen Staaten tendenziell nämlich längst zur Funktionärs- und Parteibonzen-Politik-Demokratie degeneriert. Die Politikverdrossenheit weiter Kreise der Bevölkerung resultiert nicht zuletzt aus dem Gefühl, als Bürger ohnedies kaum oder nur minimal mitzubestimmen zu können. Wenn also nunmehr durch die Verstärkung direkt-demokratischer Elemente und der verstärkten Durchführung von Plebisziten wieder eine neue und starke Bürgerpartizipation eingeführt wird, vermag dies unter Umständen, die Wertschätzung des demokratischen Systems im Bürgerbewusstsein zu heben. Natürlich gibt es auch die populistische Versuchung, solch plebiszitären Elemente zu politischen Kampagnen zu nützen, dem kann man allerdings entgegen halten, dass man eben ein gewisses Vertrauen in die Reife der Bürger und die Mündigkeit der Wähler setzen muss. Der Wahlbürger als Souverän in der Demokratie muss schließlich und endlich die Gewissheit haben, dass das demokratische System so aufgebaut wird, dass sein Wille, der Wählerwille eben, möglichst unmittelbar und möglichst unverfälscht in der realen Politik umgesetzt werden kann. Wenn man aber schon das populistische Risiko einer verstärkten direkten Demokratie als Gegenargument anführt, muss man sich vor Augen halten, dass das diesbezügliche Risiko vor allem die jeweilige Regierung, in dem Fall also ÖVP und FPÖ, zu tragen hat. Sie riskiert nämlich, dass eine schlagkräftige Opposition, etwa linksorientierte Gewerkschaften oder ähnliche Groß-organisationen, die neuen direktdemokratischen Instrumentarien nützen, um der Regierung das Leben schwer zu machen.

Wie weit in den Fragen der Kulturpolitik wieder österreichische Identität und eine lebendige Symbiose zwischen zeitgenössischer Kunst, Hochkultur und Volkskultur gefördert und propagiert werden wird, bleibt abzuwarten. Bei allem Respekt vor der Freiheit der Kunst und bei aller Toleranz gegenüber den Kunstschaffenden stellt sich doch die Frage, ob insbesondere im Bereich der Förderpolitik nicht neue Wege gegangen werden sollten, die nicht mehr in der Dauersubventionierung zeitgeistiger Vereine und allzu politisch-korrekter Staatskünstler ihr Ziel sieht, sondern in der Erweckung des Kreativpotenzials des Landes und seiner Menschen.

All das mag, wie gesagt, von linker und politisch-korrekter Seite als rückwärtsgewandt und reaktionär angesehen werden, es stellt aber – zumindest als Absichtserklärung in Form eines Regierungsprogramms – so etwas wie eine kleine konservative Revolution dar. Eine konservative Revolution, die von einer seit Jahrzehnten wohletablierten christlich-sozialen Partei im Bündnis mit einer rechtsdemokratischen – von ihren Gegnern als rechtspopulistischen diffamierten – Gruppierung getragen ist. Eine junge Führungstruppe in der alten Tante ÖVP, und eine über lange Oppositionsjahre gestählte freiheitliche Gruppierung könnten solcherart den Reformmotor für das Land darstellen. Für Reformen, die an den Prinzipien der Vernunft, des wohlverstandenen Eigeninteresses von Land und Leuten, der eigenen Identität und der wirtschaftlichen Leistungsfähigkeit orientiert ist. Keine schlechte Perspektive, man darf also mit gedämpftem Optimismus in die Zukunft schauen.

DEUTSCHLAND IN DER KRISE

2. KAPITEL

Deutschland – ein politisch korrektes Narrenhaus?

Ein Abgesang

3. Februar 2017

Die Deutschen des beginnenden 21. Jahrhunderts, das sind jene, die auf den Bahnhöfen ihrer Großstädte unrasierte düstere Gesellen, die illegal quer durch Europa gezogen sind, als „Schutzsuchende" mit Blumen begrüßen. Das sind jene, die die deutsche Ein-Hund-Familie und die Schwulenehe als Idealbilder von Familienpolitik betrachten. Die Deutschen, das sind die, die den positiven Gebrauch des Wortes „völkisch" sofort mit der Inanspruchnahme des Staatsanwaltes ahnden, für die der Begriff „Ar...fi...en" hingegen zum televisionären Alltag gehört. Und die Deutschen, das sind jene, die bei jedem islamistischen Anschlag solange als möglich versuchen, diesen als eigentlich harmlosen Verkehrsunfall zu betrachten, während sie selbstverständlich der Versammlung jeder als „rechts" diffamierten Gruppierung die Vermietung eines Gasthaushinterzimmers verweigern. Und diese Deutschen sind es natürlich auch, die sich ins Zentrum ihrer Hauptstadt ein „Mahnmal der Schande" (O-Ton Herr Höcke), natürlich ihrer eigenen historischen unzweifelhaften Schande, hinstellen, wohl wissend, dass es weder im Zentrum von Washington ein Mahnmal für den Genozid an der indigenen Urbevölkerung Amerikas noch am Roten Platz ein Denkmal für die Millionen von Stalin ermordeten Kulaken gibt.

Sie sind einmalig, diese Deutschen des beginnenden 21. Jahrhunderts, ganz so wie es der bekennende Deutschenhasser Winston Churchill gesagt hatte: „Im Sieg hast du sie an der Gurgel, in der Niederlage küssen sie dir die Füße". Und die zutiefst verinnerlichte Niederlage ist die eigentliche Befindlichkeit dieser Deutschen. Obwohl sie angeblich drauf und dran sind, die führende Macht eines Europas zu werden, das sich einerseits zwar im unzweifelhaft rasanten Abstieg befindet, das sich aber andererseits zwangsläufig von seiner Führungsmacht USA emanzipieren muss, da der neue Präsident auf Isolationismus schwört.

Kein Wunder, dass mit einer derart neurotisierten Führungsmacht die anderen europäischen Nationen ein gewisses Unbehagen empfinden. Die Briten haben sich ohnehin verabschiedet. Nicht zuletzt wohl auch deshalb, da sie die bundesdeutsche Willkommenskultur angesichts des Fiaskos der eigenen multinationalen Gesellschaft als gewaltige Bedrohung empfanden. Und die Franzosen? Bleibt für sie die angebliche deutsch-französische Freundschaft das Vehikel, um sich selbst die schwache Währung und die eigene Wirtschaft finanzieren zu lassen oder wenden sie sich dem „Le Penismus" zu, der subkutan von einer satten Portion

Germanophobie begleitet wird? Von einer freudigen Anerkennung der neuen deutschen Führungsrolle in Europa ist
im Elysee Palast – gleich, wie er besetzt sein mag – jedenfalls
nichts zu spüren. Und die Südflanke der Europäischen Union? Die Portugiesen, Spanier, Italiener, Griechen sind sich
ohnedies alle eins, dass die von der schwäbischen Hausfrau
Schäuble verordnete Sparpolitik für sie tödlich ist. Der Osten der EU, die sogenannten Visegrád-Staaten, fahren auch
mit zunehmendem Selbstbewusstsein ihre eigene Linie. Mit
einigermaßen kühner Selbstverständlichkeit nehmen sie
EU-Geld, das im Wesentlichen ja deutsches Geld ist.

Einen gewissen Flankenschutz hat Deutschland allenfalls noch aus dem skandinavischen Bereich, den Bene-
lux-Länder und aus Österreich. Wenn, ja wenn nicht in
Holland der böse Rechtspopulist Geert Wilders, in Österreich der nicht minder gefährliche Heinz-Christian Strache
und in Schweden, Dänemark und Finnland deren Gesin-
nungsgenossen an Einfluss gewinnen oder sogar ans Ruder
kommen.

Das neue Deutschland, das gute, das politisch-korrekte,
die wohlmeinende Republik der Merkelianer, ist also geradezu eingekreist von politischen „Gefährdern", die man
nun nicht einmal mittels Fußfessel kontrollieren kann.
Und Gefährder dieser Art gibt es auch im eigenen Land,
die „Alternative für Deutschland", die bei der kommenden
Bundestagswahl wohl in durchaus respektabler Größe in
den Bundestag einziehen wird. Gewiss sind für die noch
nicht sehr professionell und bislang noch ziemlich hetero-
gene Truppe der Frauke Petry gewisse Grenzen des Wachstums gegeben. Sollten sie mit tendenziell 20 Prozent in den
Reichstag in Berlin einziehen, wäre dies bereits eine Sensati-
on angesichts der neurotisierten, durch Kinderlosigkeit und
Ethnomorphose ausgedünnten autochthonen deutschen

Bevölkerung. Die Deutschen haben den „Kampf gegen rechts" eben in so hohem Maße verinnerlicht, dass auch konservative Kreise oder solche, die es vormals waren, lieber mit ausgemachten Linken, in der Wolle gefärbten Marxisten oder gar mit Islamisten gemeinsame Sache machen als mit patriotischen, national orientierten Gruppierungen.

So wie es aussieht, wird Angela Merkel das Rennen noch einmal machen. Bedrängt zwar von links und rechts, auf der einen Seite von der AfD, auf der anderen Seite von einem sich kämpferisch gebenden SPD-Kandidaten Martin Schulz, wird es aber kein Honiglecken mehr für die Kanzlerin und schon gar nicht ein strahlender Sieg.

Ob aber durch die neuen Konstellationen, durch das Erstarken rechtsdemokratischer, patriotischer Gruppierungen das deutsche Volk im herkömmlichen Sinne noch zu retten ist, muss mit Fug und Recht bezweifelt werden. Die Zunahme jener Bevölkerungsteile, die Migrationshintergrund haben, ist längst so dramatisch, dass die Integration derselben in die autochthone Bevölkerung kaum mehr denkbar ist. Eher wird längst der umgekehrte Vorgang gefordert, dass sich nämlich die Deutschen den neuen ethnisch-kulturellen Gegebenheiten anzupassen hätten. Neurotisiert und dekadent, überaltert und kinderlos, wie sie sind, werden sie auch kaum die Kraft aufbringen, sich dieser Forderungen zu erwehren.

Damit ergibt sich aber ein interessantes politisch-psychologisches Phänomen: Werden die neuen Deutschen in der zweiten Hälfte des 21. Jahrhunderts, denen, ausgehend von den derzeitigen Parallelgesellschaften, eine neue politische und soziokulturelle Dominanz erwächst, die Neurosen der Besiegten von 1945 übernehmen und weitertragen? Werden Türken und Syrer das Holocaust-Denkmal in der Mitte Berlins auch für sich als Stätte nationaler Buße akzeptieren, werden die Deutsch-Türken Willkommenskultur gegenüber zufluchtssuchenden Kurden pflegen? Werden sunnitische Syrer applaudieren, sollten hunderttausende flüchtende Schiiten ins Land strömen? Werden über Generationen in Deutschland lebende Nigerianer mit ihrem Abonnement auf die deutsche Sozialhilfe fliehenden Hutus und Tutsis aus Zentralafrika freudig Aufnahme gewähren? Diese Fragen und ähnliche sind vielleicht von historischer Bedeutung.

Und nicht weniger bedeutsam ist die Frage, ob diese neuen Deutschen des ausgehenden 21. Jahrhunderts noch in der Lage sein werden, die Nation des Exportweltmeisters in Sachen Industrieproduktion zu tragen, ob sie noch immer die bestqualifizierten Facharbeiter und Techniker des Planeten stellen können. Wie weit sie in Wissenschaft und Forschung Spitzenkräfte hervorbringen werden und Nobelpreisträger in Physik, Chemie und Medizin stellen (ja, ja das ist bereits kaum verhüllter Rassismus ...).

Zweifeln muss man nicht daran, dass diese neuen Deutschen, etwa aus den Bereichen ihrer schwarzafrikanischen Neubürger, zahlreiche hervorragende Reggae-Truppen hervorbringen werden. Dass es von deutsch-türkischen Rappern zwischen Ravensburg und Flensburg nur so wimmeln wird. Dass – insbesondere aus den Reihen der deutschen Konvertiten – die islamischen Imame in der Bundesrepublik eine Spitzenstellung in Sachen Fundamentalismus und Radikalismus erlangen werden. Dass auf den Märkten des Landes der Handel mit Oliven, Feigen und Datteln eine völlig neue Qualität erlangt hat und dass gotische Kathedralen sich ohne wirklich große bauliche Veränderungen in Moscheen verwandeln lassen.

All das ist möglich, aber wollen wir es auch? „Denke ich an Deutschland bei der Nacht, bin ich um den Schlaf gebracht" – Heinrich Heine ist tot und mir ist auch schon schlecht.

2. KAPITEL

Denk ich an Deutschland…

21. Juli 2017

Die Bundesrepublik Deutschland, Kleindeutschland wie es nach der Wiedervereinigung des Jahres 1990 genannt werden darf, ist wahrscheinlich so etwas, wie die Führungsmacht innerhalb der europäischen Union in unseren Tagen. Dieses Deutschland ist Exportweltmeister, verfügt über eine beeindruckende Industrieproduktion, über die mächtigste Autoindustrie des Planeten und es ist zweifellos der Zahlmeister Europas. Seine Fußballnationalelf gewinnt alle internationalen Turniere, das Land wird bewundert und gefürchtet, von Trump kritisiert, von Putin hofiert, von Macron umworben und weltweit als Vorbild wirtschaftlicher Stabilität gepriesen. Mutti Merkel im Berliner Kanzleramt macht's möglich und sie steht demnächst zur Wahl des Deutschen Bundestages.

Während man noch vor Jahr und Tag den Abstieg der Kanzlerin prognostiziert hat, nachdem die Alternative für Deutschland scheinbar nicht zu bremsen war in ihrem Aufstieg und nachdem SPD-Wunderwuzzi Martin Schulz eine respektable Konkurrenz zu werden schien, wird Frau Merkel nunmehr offenbar die Bundestagswahl triumphal für sich entscheiden können Sie scheint schlicht und einfach keine Konkurrenz zu haben.

Der SPD-Kandidat Martin Schulz ist längst zur Nullnummer verkommen. Die jüngsten Ergebnisse von Regionalwahlen haben der deutschen Sozialdemokratie bittere Niederlagen beschert, und Schulz ist nur mehr ein Schatten seiner selbst. Auch die Grünen, die zweitwichtigste linke Partei, scheinen in der politischen Stagnation zu verharren. Sie, die die glühendsten Befürworter der jüngsten Massenmigration waren und sind, scheinen von der Bevölkerung dafür nicht belohnt zu werden. Und auch die Linkspartei, die ja in der Nachfolge der „DDR"-Kommunisten steht, hat ihre besten Zeiten offenbar hinter sich. Nachdem auch die Alternative für Deutschland durch interne Streitereien und politische Unprofessionalität gegenwärtig eher im Abschwung begriffen zu sein scheint, dürfte also der Sieg von Mutti Merkel unumstritten und nicht zu verhindern sein.

Auch die bayerische CSU mit ihrer deutlich konservativeren Politik und ihrer größeren Migrationskritik wird da nur im Sog von Mutti Merkel mitschwimmen können. Und der Aufstieg der Freidemokraten beziehungsweise deren Renaissance könnte der CDU von Frau Merkel nur einen neuerlich willfährigen Koalitionspartner gewährleisten.

Das bedeutet nicht mehr und nicht weniger, als dass die Ära von Angela Merkel noch längst nicht vorüber ist, und dass sie, die nunmehr auch schon in das politische Pensionsalter kommt, auf Jahre hinaus weiter das Schicksal Deutschlands und damit wohl auch das der Europäischen Union maßgeblich bestimmen dürfte. Sie, die verantwortlich ist für die illegale Massenmigration der Jahre 2015 und folgende, sie, die maßgeblich die unheilvolle bundesdeutsche Willkommenskultur geprägt hat, darf also ungestraft und ungehindert weiterregieren. Zwar hat sie diese verhängnisvolle Einwanderungspolitik auch schon tendenziell korrigiert, ein Wort des Bedauerns und der Entschuldigung aber für diese desastöse Fehlentscheidung, die Massenmigration widerstandslos hinzunehmen, hat man von hier allerdings längst noch nicht gehört. Dabei hätte das Land längst grundlegende Veränderungen nötig. Überaltert und kinderlos drohen die autochthonen Deutschen über kurz oder lang in die Rolle einer ethnischen Minderheit zu geraten. Der über Jahrzehnte andauernde Zustrom von Gastarbeitern aus außereuropäischen Bereichen und nunmehr die Massenzuwanderung der letzten drei, vier Jahre haben den Prozess der Ethnomorphose, der Umvolkung also, dramatisch beschleunigt. Der Kinderreichtum der Zuwanderungsbevölkerung und die Kinderlosigkeit der angestammten Deutschen führen mit mathematischer Sicherheit dazu, dass Letztere in einer Generation nicht mehr die Mehrheit im Lande bilden.

Dazu kommt der Prozess der kulturellen, religiösen Überfremdung, der insbesondere durch die Islamisierung gegeben ist. Ein zunehmend fundamentaler und offensiver agierender Islam hat nicht nur die ursprünglich eher laizistischen Teile der türkischen Gastarbeiter erfasst, er wird vielmehr durch die zuwandernden Muslime aus der arabischen Welt, aus dem Mittleren Osten, aber auch aus Nordafrika beschleunigt. Dieser fundamentalistische Isla-

DEUTSCHLAND IN DER KRISE

mismus ist zwangsläufig natürlich auch der Nährboden für Terrorismus und einen latenten Bürgerkrieg, getragen von den Parallelgesellschaften, die es in den bundesdeutschen Städten indessen massenhaft gibt.

Das deutsche Sozialgefüge wird durch diese Phänomene natürlich auch zunehmend erschüttert werden, und es stellt sich die Frage, wie weit die so erfolgreiche Industrieproduktion Deutschlands unter diesen Umständen auf Dauer aufrechterhalten werden kann. Exportweltmeister kann nur sein, wer über eine funktionierende Industrie und eine Gesellschaft mit hoher Arbeitsmoral und höchsten fachlichen Qualifikationen verfügt. Eine Gesellschaft, die sich im latenten Bürgerkrieg befindet, wird diese Qualifikationen auf Dauer nicht mehr erbringen können.

Dennoch bleibt Deutschland bis auf Weiteres die potentielle Führungsmacht Europas, dies nicht nur wegen seiner wirtschaftlichen Stärke, sondern auch da wegen seiner geopolitischen Lage. An Deutschland wird es liegen, in welche Richtung sich die Europäische Union weiterentwickelt, an Deutschland wird es liegen, ob die europäische Währung des Euro überleben kann, an Deutschland wird es auch liegen, ob die Europäische Union zum benachbarten Russland ein gedeihliches Verhältnis aufzubauen in der Lage ist, und an Deutschland wird es auch liegen, ob das positive transatlantische Verhältnis zu den Vereinigten Staaten erhalten werden kann.

Zwar mag gegenwärtig in Frankreich ein wesentlich charismatischerer Politiker im Elysee-Palast sitzen, dennoch bleibt Angela Merkel der dominante Partner im deutsch-französischen Führungsduo der Europäischen Union.

Ob aber Mutti Merkel ihren auf das Wohl des deutschen Volkes geleisteten Amtseid in den vergangenen

Jahren wirklich erfüllt hat und ob sie dies in Zukunft tun wird, ist eine ganz andere Frage. „Wir schaffen das", hat sie vor gut zwei Jahren bei Beginn der Flüchtlingskatastrophe geäußert. Ob die Deutschen das tatsächlich schaffen werden und die gewaltigen sozialen, finanziellen und auch kulturellen Belastungen, die mit der Massenzuwanderung entstanden sind, bewältigen können, bleibt abzuwarten. Zu befürchten ist allerdings, dass das deutsche Volk als solches den damit verbundenen Belastungen nicht gewachsen sein wird. Die Kuh, die man melkt, schlachtet man nicht, heißt es. Deutschland, die Melkkuh Europas, ist allerdings in den letzten Jahren so überbelastet worden, dass sie möglicherweise innerhalb von ein zwei Generationen von selbst verendet. Ob das Europa aushalten wird, bleibt abzuwarten. Wie hat Heinrich Heine vor 200 Jahren so trefflich gemeint? „Denke ich an Deutschland bei der Nacht, so bin ich um den Schlaf gebracht."

2. KAPITEL

Politik in der Kopfschusszone

Über patriotische Parteien in Deutschland – Überlegungen

22. September 2017

Wenn man unter der Wahrnehmungsgrenze agiert, schön privat und bescheiden, kann man in der Bundesrepublik Deutschland von heute machen, was man will. Da ist dieser deutsche Staat tatsächlich der liberalste und freiheitlichste in der Geschichte. Wenn man den Kopf jedoch über die Wahrnungsgrenze, über das politisch Erlaubte hinausstreckt, wenn man gegen die grundsätzlichen Dogmen dieser Bundesrepublik verstößt, gegen das Dogma des deutschen Nationalmasochismus nämlich, und wenn man es gar wagt, für eine patriotische Politik aufzutreten, dann befindet man sich in der Kopfschusszone und dort gibt es keine Gnade.

Bekanntlich wurde Deutschland in zwei Weltkriegen nur mühsam von einer gesamt-planetarischen Militärkoalition niedergerungen. Bekanntlich hat man die Deutschen durch Re-Education und Pflichtantifaschismus und neuerdings durch die Political Correctness umerzogen und traumatisiert. Bekanntlich hat man sie durch jahrzehntelange Massenzuwanderung einer Art von Ethnomorphose ausgesetzt, und man hat sie ökonomisch in finanzieller Hinsicht über Jahrzehnte in einem Ausmaß bluten lassen, das in der Geschichte seit den Punischen Kriegen wohl einmalig ist. Und dennoch sind diese Deutschen wiederum die führende Nation in EU-Europa. Sind Fußballweltmeister ebenso wie Exportweltmeister und gelten somit als einer der bestimmenden Faktoren der Weltpolitik. Was man da in den Denkfabriken in Paris und London, in Washington und Moskau wirklich denkt, lässt sich nur erahnen. Das Staunen über dieses deutsche Faktum wird zwischen Furcht und Bewunderung pendeln. Eines jedenfalls will man weltweit mit Gewissheit nicht: Dass sich in Deutschland wieder eine patriotische politische Kraft entwickelt, die die eigenen nationalen Interessen in den Mittelpunkt deutscher Politik stellt. Solange diese Deutschen politisch-korrekte Willkommenskultur pflegen, den Zahlmeister für die Welt spielen, die EU als Transfernation stützen und willig die eigene historische Schuld perpetuieren, solange dürfen sie gewähren. Wenn sich aber all dies traumatisch zu Gunsten einer Politik des nationalen Interesses verändert, dann wehe ihnen.

Demgemäß wurde und wird jede politische Regung in der alten Bundesrepublik, aber auch im neuen wiedervereinten Deutschland, die sich solchen deutschen Interessen widmet, nicht nur mit Argwohn beobachtet, sondern nach Möglichkeit auch raschest wieder eliminiert. Nach dieser Maxime wurden alle patriotischen und rechten Parteigründungen in der alten Bundesrepublik und nunmehr in der seit einen Vierteljahrhundert existierenden erweiterten neuen vom politisch-medialen Establishment behandelt, sie wurden stigmatisiert, kriminalisiert, ausgegrenzt, unterwandert, korrumpiert und schließlich vernichtet. Das ging früheren Parteigründungen in den frühen 50er-Jahren so, das mussten die Nationaldemokraten unter dem biederen Patrioten Adolf von Thadden erleiden. Diesen Los traf die Republikaner des Franz Schönhuber, den Bund freier Bürger des Manfred Brunner, die Hamburger Schill-Partei, die Berliner Gruppe des Herrn Stadtkewitz, natürlich die nach wie vor trotz Verbotsverfahren existierende NDP und es soll auch der Alternative für Deutschland nicht erspart bleiben – wenn es nach den Mächtigen geht.

Über die Gründungsphase hinaus zu mess- und zählbarem Wahlerfolg sind derlei Gruppen in den letzten Jahren und Jahrzehnten überhaupt nur dann gekommen, wenn sie anfangs unter dem Deckmantel biederer Harmlosigkeit zu agieren versuchten. Bereits Manfred Brunner mit dem Bund freier Bürger versuchte, mit einem Proponentenkomitee, bestehend aus Universitätsprofessoren zu starten, und die AfD wurde nicht zuletzt vom eher harmlosen Professor Lucke geründet, der die Partei als reine Anti-Euro-Gruppe ins Leben rief. Was da anfangs als einigermaßen gutbürgerlich auch von den politischen Gegnern zur Kenntnis genommen wurde, hat man in der Folge dann aber bei einer Erweiterung des Themenspektrums auf andere patriotische Anliegen rasch und konsequent als antidemokratisch, faschistoid und rechtsextrem gebrandmarkt. Bei der AfD, die zwischenzeitlich bei Landtagswahlen einige beachtliche Erfolge zu verbuchen vermochte und die wahrscheinlich in diesen Tagen in den Deutschen Bundestag einziehen wird, vermeidet man es zwar, sie als „Nazi-Partei" zu attackieren, man wirft ihr aber vor, „autoritäre und völkische" Ideologien zu vertreten – was auch immer das sei. Allein die Fokussierung auf die eigene autochthone Bevölkerung und die Kritik an der Willkommenskultur des etablierten Politsystems und der Massenzuwanderung reicht bereits, um eine solche „völkische" Gesinnung zu unterstellen, die wohl eine rassistische sein soll. Vollends aus dem politischen Spektrum und aus dem verfassungsmäßig zugelassenen Parteisystem auszugrenzen vermag man die AfD mit diesen Attacken allerdings nicht. Man will es wohl auch nicht, weil man in den etablierten Strategiezirkeln sich darüber im Klaren ist, dass die Bevölkerung ein politisches Ventil haben muss.

Die Mechanismen, wie man patriotische Parteien in der Bundesrepublik Deutschland bekämpft hat und wie man sie noch immer bekämpft, sind allerdings von beachtlicher Infamie. Die Stigmatisierung, die Ausgrenzung und die Kriminalisierung sind da eines: Persönlichkeiten, die sich ganz offen zu derlei Parteien bekennen, riskieren in Deutschland ihre Gesellschaftsfähigkeit und ihren sozialen Status. Dies führt dazu, dass allzu oft nur halbseidene und ohnedies als Außenseiter geltende Menschen sich öffentlich für derlei Parteien zu engagieren getrauen, eher schillernde Figuren wie etwa der PEGIDA-Gründer Lutz Bachmann mögen als Beispiel für dieses Phänomen gelten. Wenn sich überdies dann Persönlichkeiten aus dem etablierten Bereich aufgrund der politischen Not entschließen, das Risiko einzugehen und sich für eine Partei dieser Art zu engagieren, wie etwa im Falle der AfD Herr Gauland oder Frau Petry, werden sie in atemberaubendem Tempo ebenso stigmatisiert, wenn nicht gar kriminalisiert. Ohne Rücksichtnahme auf ihre Biographie und tatsächlichen Aussagen gelten sie allzu rasch als Rassisten, Extremisten

DEUTSCHLAND IN DER KRISE

und Antidemokraten. Mangels eigener medialer Korrekturmöglichkeiten wird dieses Bild ungebremst in der Öffentlichkeit auch verbreitet.

Ein weiterer Mechanismus zu Bekämpfung solcher politischen Gruppen war und ist wohl die Unterwanderung durch V-Leute der diversen Geheimdienste. Der Verbotsprozess gegen die NPD hat dies außer Zweifel gestellt und bewiesen, dass solche V-leute bis in die Führungszirkel der betreffenden Partei vorzurücken vermögen und dort oft zu den radikalsten und aktivsten Elementen zählen. Naiv wäre es anzunehmen, dass ausgerechnet die so heftig bekämpfte und zum Teil auch bereits erfolgreiche AfD von solchen Versuchen verschont geblieben wäre. Nun Mutmaßungen anzustellen, wer von den AfD-Exponenten Idealist und wer eingeschleuster V-Mann wäre, sind allerdings ebenso sinnlos wie zerstörerisch. Das mögliche Faktum allerdings in alle Analysen mit einzubeziehen, ist wohl unabdingbar.

Für parteipolitische Neugründungen im rechten Spektrum, also für neue patriotische oder gar national orientierte Freiheitsparteien, gilt es zweifellos so etwas wie einen kritischen Punkt zu überwinden. Erst mit der entsprechenden Professionalisierung und der Bildung stabiler Kader sowie der ideologisch-programmatischen Abklärung kann man ein Überleben einer parteipolitischen Neugründung innerhalb der politischen Kopfschusszone des Parteienspektrums in der politisch-medialen Öffentlichkeit der Bundesrepublik gewährleisten. Gemeinhin dürfte dies erst dann gegeben sein, wenn eine solche neue politische Gruppierung in die diversen Vertretungskörper, also in die Landtage und in den Bundestag eingezogen ist. Erst damit sind die Segnungen des Parteienstaats, sprich die staatliche Parteienförderung, gewährleistet, mittels der man die entsprechenden professionellen Strukturen aufbauen kann. Erst dann ist auch gewährleistet, dass die führenden Exponenten einer solchen Partei in Mandatsfunktion kommen und als Abgeordnete über Immunität, professionelle Zuarbeit und jenen Respekt verfügen, der einem demokratisch gewähltem Volksvertreter eben zusteht.

Naturgemäß sind daher die Strategen des politisch-medialen Establishments bemüht, diese Professionalisierung einer neuen patriotischen Partei zu verhindern, beziehungsweise ihren Einzug in die Parlamente, insbesondere in den Bundestag zu hintertreiben. Ob ihnen dies im Falle der AfD gelungen ist, wird man am Sonntag, dem 24. September 2017, sehen.

2. KAPITEL

Der rechte Flügel des Bundesadlers

6. Oktober 2017

Ganze 93 Abgeordnete wird die Alternative für Deutschland im nächsten Bundestag haben. Nicht ein paar Handvoll, wie der Front National in Paris, nein, eine ansehnliche Truppe. Und wer das großzügige Finanzierungssystem für deutsche Bundestagsabgeordnete kennt, welch ansehnliche Mittel sie für Mitarbeiter und Wählerinformation zur Verfügung gestellt bekommen, der weiß, dass eine solch starke Truppe über viele Millionen verfügen wird, um professionelle Parteiarbeit zu organisieren. Damit sind die Zeiten vorbei, in denen sich nur soziale Außenseiter und Menschen vom Typus Michael Kohlhaas in einer nationalen und patriotischen Partei engagieren konnten.

Jetzt kann man über den sozialen Status eines Abgeordneten, der eben das Anrecht auf Respekt genießt und auch über eine entsprechende Honorierung verfügt, politische Arbeit leisten. Jetzt kann man wirkliche Fachleute engagieren, um die inhaltliche Zuarbeit zu professionalisieren, jetzt kann man das Vorfeld dieser Bundestagsfraktion durch kompetente Fachleute abstützen und jetzt kann man auch entsprechend kostenintensive Medien- und Informationsarbeit betreiben.

Voraussetzung dafür ist allerdings, dass die Alternative für Deutschland in der Lage ist, sich zu professionalisieren. Voraussetzung ist, dass sie Obskuranten, Sektierer und tatsächliche Extremisten eliminiert oder im Zaum hält. Voraussetzung ist auch, dass sie die gewiss stattgefundene Unterwanderung durch V-Leute und eingeschleuste Spitzel unterbindet, Voraussetzung ist, dass sie in der Lage ist, vernünftige verfassungskonforme und humanitär vertretbare ideologische Arbeit zu leisten und mit parlamentarischer Sachpolitik ihren Beitrag zur Entwicklung der Bundesrepublik Deutschland zu leisten.

Nur mit einer solchen Professionalisierung der nunmehr parlamentarisch großgewordenen Partei wird es gelingen, dem deutschen Bundesadler auf Dauer einen rechten Flügel zu verpassen, der als Geleichgewicht zum linken Flügel und als Korrektiv für eine allzu opportunistische Mitte in der Lage ist, Politik im deutschen Interesse und damit auch im wohlverstanden europäischen Interesse zu machen.

Deutschland ist die politische Kopfschusszone, in der alle Welt, insbesondere die einstigen Gegner aus zwei Weltkriegen, darauf achten, dass chauvinistischer Größenwahn im erfolgreichsten Staat der Europäischen Union nicht wieder Platz greifen kann. In dieser Kopfschusszone vernünftige, patriotische Politik zu machen, die – laut Grundgesetz

– dem deutschen Volke dienen soll, ist nicht einfach. Genau das aber ist die Aufgabe der neuen und gestärkten AfD. Hoffen wir, dass sie in der Lage ist, sie wahr zu nehmen, trotz all der Polemik und all der hasserfüllten Kommentare aus dem Bereich der etablierten Politik und der Medien. „Die neuen Nazis", wie der altlinke Streetfighter Joschka Fischer sie dieser Tage in einer lachsfarbenen Gazette in Österreich zu nennen geruhte, werden zeigen, dass sie vernünftige Rechtsdemokraten und aufgeklärte Patrioten sind. Dies glaubhaft zu vermitteln, wird für die AfD-Abgeordneten nicht leicht sein, sie haben aber keine Alternative dazu.

2. KAPITEL

Deutsche Metamorphosen

Das deutsche Volk geht
unter – oder doch nicht?
Fragen und Antworten

1. Dezember 2017

Die Ethnomorphose ist voll im Laufen. Das Wort „Umvolkung" vermeidet der Autor, da er sich sonst eine späte Adenauer-Karriere durch den Unwillen des Bundespräsidenten verbauen würde und so wie nunmehr Johann Gudenus keine Ministerehren anstreben dürfte. Der Bevölkerungsaustausch aber, wie auch immer man ihn nennt, geht rasant vonstatten, das steht außer Zweifel: Rund ein Viertel der Bevölkerung der Bundesrepublik Deutschland hat jetzt bereits Migrationshintergrund, die Massenzuwanderung hält an, die etablierte Politik will sie nicht wirklich bremsen. Quote hin, Höchstgrenze her, der Familiennachzug kommt erst wirklich ins Rollen, und der Kinderreichtum der Einwanderer übersteigt jenen der autochthonen Deutschen um ein Vielfaches. Da ist es keine Frage der Politik oder gar der Ideologie, sondern ausschließlich ein Problem der Mathematik, wann die deutschen Aborigines rein zahlenmäßig in der Minderheit sein werden im eigenen Land.

Die kulturelle Dominanz scheinen sie allerdings bereits vorher aufgeben zu müssen. Das Bündnis zwischen politisch-korrektem Politestablishment und Mainstream-Medien auf der einen Seite und den Zuwanderungspopulationen auf der anderen Seite, welche sich am deutlichsten in der Merkelschen Willkommenskultur artikuliert hatte, ist dabei, im gesamten soziokulturellen Bereich in der Bundesrepublik – sowie natürlich auch im übrigen Europa, insbesondere in Österreich – Festungen der ursprünglich historisch gewachsenen deutschen Leitkultur zum Einsturz zu bringen. Nicht nur, dass in allen Werbesujets und bei öffentlichen Publikationen und Bilddarstellungen die Zuwanderungsgesellschaft überproportional ins Bild und ins Bewusstsein gerückt wird. Nein, in masochistischer Selbstaufgabe ist man auch bereit, zivilisatorische Alltagstandards zugunsten dieser Zuwanderungsgesellschaft, insbesondere auch zugunsten der militant voranschreitenden Islamisierung, aufzugeben. Kein Schweinefleisch in Kindergärten, kein Kreuz in den Schulen, kein Nikolaus, kein Christkind. Vorerst einmal also die Preisgabe des christlichen Abendlandes.

Dass dieselben politisch korrekten Kreise einen militanten Feminismus und Genderismus predigen, um gleichzeitig das archaische Menschen- und Frauenbild weiter Bereiche der Zuwanderungspopulationen zu tolerieren, wenn nicht gar zu akzeptieren, stört dabei offenbar nicht. Im kulturellen Bereich wird diese Selbstaufgabe der deutschen Leitkultur vor der Massenzuwanderung durch die Phänomene der Globalisierung, der Europäisierung und auch der Anglisierung, etwa in den sprachlichen Bereich, beschleunigt. Die gute alte deutsche Muttersprache wird durch einen zeitgeistigen Slang ersetzt, der ebenso primitiv wie nivellierend wirkt. Die spezifisch deutschen kulturellen Leistungen, wie sie das Volk „Volk der Dichter und der Denker" hervorzubringen vermochte, werden von den neudeutschen Zuwanderungspopulationen wohl kaum fortgeführt werden können. Überdies stellt sich die Frage, ob die massenhaft tendenziell analphabetischen Zuwanderer auf absehbare Zeit in der Lage sein werden, jenen Bildungsstand zu entwickeln, der zur Hervorbringung jener wissenschaftlichen Kreativpotentiale notwendig ist, wie sie die Deutschen im Lauf der letzten ein- bis zweihundert Jahre erbringen konnten.

Die Ethnomorphose durch Massenzuwanderung und Überalterung sowie Kinderlosigkeit der autochthonen Bevölkerung wird also zwangsläufig einen kulturellen Wandel nach sich ziehen, der qualitativ auf Generationen hinaus negativ wirken muss. Eine multiethnische Konflikt- und Ghettogesellschaft kann zwar auch kulturelle Vielfalt zeitigen, dazu aber muss sie zuvor in der Lage sein, zivilisatorisch und damit soziokulturell ein Niveau zu erreichen, das Hochkultur erst ermöglicht, und davon sind die bereits vorhanden Parallelgesellschaften und die sich abzeichnenden Zuwandererghettos meilenweit entfernt. Die von der politisch-korrekten Hautevolee herbeigesehnte Bereicherung der deutschen Kultur durch multikulturelle Befruchtung ist also zweifellos nicht mehr als Illusion.

Was aber ist mit der deutschen ökonomischen Leistungsfähigkeit? Nach wie vor ist das Land Exportweltmeister, nach wie vor ist insbesondere die deutsche Autoindustrie so etwas wie eine Weltmacht, nach wie vor sind – gerade jetzt wo die Konjunktur wieder angesprungen ist – die wirtschaftlichen Zahlen die zwischen München und Hamburg, Berlin und Köln produziert werden, beeindruckend. Neben einer leistungsfähigen Industrie und einer innovativen wissenschaftlich-technologischen Basis für dieselbe ist dafür auf Dauer zweifellos auch eine hochqualifizierte Schicht von Arbeitnehmern, insbesondere Facharbeiten und Technikern vonnöten. In einer Gesellschaft, die zunehmend von einem Prekariat und tendenziell analphabetischen Parallelgesellschaften geprägt wird, dürfte es schwierig sein, dieses Niveau an technischer und fachlicher Qualifikation aufrecht zu erhalten beziehungsweise weiterzuentwickeln. Mit der Nivellierung wissenschaftlicher Leistung und dem Rückgang an Kreativität ginge also auch ein Abstieg in der fachlichen und technischen Qualifikation Hand in Hand. Mittel- bis längerfristig müsste die deutsche Wirtschaft, insbesondere die produzierende Industrie, dadurch im Wettkampf mit anderen globalen Regionen wie etwa Ostasien zunehmend ins Hintertreffen geraten. Ein Konzern wie Volkswagen, der dann im Zuge der Globalisierung längst nicht mehr in deutscher Hand wäre, auch nicht in Deutschland produziert, dessen Management keinen Bezug zu Deutschland hat, ein solcher Konzern wäre wohl nur mehr eine Hülle beziehungsweise eine Marke, hätte aber mit der deutschen Leistungsfähigkeit und der deutschen Volkswirtschaft eben nichts mehr zu tun.

Die drei soeben skizzierten Komponenten, also die ethnisch-biologische, die kulturell-zivilisatorische und die ökonomisch-technologische, deuten darauf hin, dass das deutsche Volk, wie es sich in einer tausendjährigen Geschichte über eine Vielzahl von Generationen entwickelt hat, mitten in einer dramatischen Veränderung begriffen ist. Pessimisten könnten meinen, es steht vor dem Ende, Optimisten, die sich da schon Mühe geben müssten, könnten argumentieren, es sei in einem Wandel begriffen, der zweifellos etwas Anderes möglicherweise, aber nicht nur negativ zu Beurteilendes nach sich ziehen kann. Der Deutsche der Zukunft wird aber zweifellos von seiner Herkunft zu einem hohen Prozentsatz Migrationshintergrund haben. Er könnte, wenn sich die Integration nicht als völlig unmöglich erweist – zusätzlich aber auch autochthone Wurzeln haben. Er könnte neben den kulturellen Einflüssen der Migrationsherkunft aber auch einen guten Teil der traditionellen deutschen Tugenden – Organisationsfähigkeit, Fleiß, Leistungsbereitschaft etc. – verinnerlichen. Und er könnte – immer nur bei gelungener Integration der gegenwärtigen Zuwanderungspopulationen – auch eine veränderte, aber doch existente deutsche Leitkultur und deutsche Muttersprache bewahren. Dass diese dann neben den durch die Globalisierung bedingten angloamerikanischen Einflüssen etwa zahlreiche türkisch-arabische und andere Fremd- und Lehnwort beinhalten würde, steht außer Zweifel. Dass der Deutsche der Zukunft phänotypisch auch anders aussehen würde als jener der Vergangenheit, dass blonde und blauäugige in der Minderzahl wären, ist auch klar.

Letztlich wird das Ausmaß der Veränderungen also die Relation und Integrationsfähigkeit beziehungsweise Assimilationsfähigkeit der Zuwanderungsbevölkerung darüber entscheiden, ob es Kontinuität für den deutschen Nationalcharakter und das deutsche Volk als ethnisch-kulturelle Einheit geben kann. Zweifel an einer positiven Entwicklung sind angesichts der gegenwärtigen Umstände und der politischen Verhältnisse mehr als angebracht. Pessimisten dürfen mit Fug und Recht den Untergang des Abendlandes und eben auch jenen des deutschen Volkes vor Augen

haben. Im Interesse unserer Kinder und Kindeskinder –
soweit die Deutschen eben solche noch haben – ist allerdings auch Optimismus gefordert – und Kampfwille, doch
noch eine positive Entwicklung herbeizuführen. Noch sind
wir Deutschen nicht verloren, nach zwei verlorenen Weltkriegen, zwei totalitären Systemen, denen wir uns zumindest teilweise zu beugen hatten, politischer Neurotisierung
und zumindest fahrlässig zugelassener Ethnomorphose ist
dieses Land und sind darüber hinaus die Menschen deutscher Muttersprache nach wie vor einer der stärksten Faktoren des sich integrierenden Europas. Die große Frage
wird sein, ob dieses Volk und die von diesem getragene
Kultur in sich selbst genug Kraft hat, um Bestand zu haben.

DAS MIGRATIONSFIASKO

3. KAPITEL

Die Integrationsillusion

Ein Plädoyer für Segregation
und Repatriierung

31. März 2017

Wanderungsprozesse gehören zweifellos zur historischen Realität der Menschheit. Ethnische Überschichtung, kulturelle Beeinflussung und natürlich auch Ethnomorphose – horribile dictu: „Umvolkung" – sind Phänomene, die in der Menschheitsgeschichte immer wieder auftreten. Die Gründe dafür sind mannigfaltig: Flucht vor Gefahr für Leib und Leben, das Streben nach einem besseren Leben, nach Freiheit oder auch nur Wohlstand, Hungersnöte, Dürrekatastrophen und vieles mehr. Manchmal auch schlicht und einfach die Sehnsucht des Menschen zu erforschen, was sich hinter dem Horizont befindet.

In einer Welt, in der sich die menschliche Gesellschaft, welche sich in Jahrhunderttausenden genetisch und biologisch vielfältig und unterschiedlich ausdifferenziert hat, in Völker, in unterschiedlichen Sprachen, und, darauf basierend, in Nationen mit territorial eingegrenzten Staaten, organisiert in einer solchen Welt haben Wanderungsbewegungen natürlich eine weit darüberhinausgehende Bedeutung. Sie sind auch so etwas wie eine Machtfrage geworden: Handelt es sich bei den Wanderungsbewegungen um Landnahme, also um Eroberung und Verdrängung der bisherigen Population, oder ist es eher ein individueller, in überschaubaren Relationen stattfindender Einsicker-Prozess? Im ersten Falle ist es ziemlich klar, dass es nicht ohne Gewalt geht. Im zweiten Falle hingegen ist durch die Einhaltung rechtlicher Standards und internationaler Normen ein friedlicher Prozess möglich – keineswegs aber immer gesichert.

Im Idealfall wäre bei der Einwanderung in einen fremden Staat mit dem Wunsche, Teil des jeweiligen Staatsvolkes zu werden, die Assimilation der Idealfall. Die vollständige Übernahme von Kultur, Sitten und Gebräuchen, von Sprache und Religion des Gastlandes und die vollständige Aufgabe der Kultur des eigenen Herkunftslandes wären die Bedingung dafür. Eine Idealvorstellung, die allerdings kaum realisierbar ist.

Realistischerweise hat man sich im Hinblick auf die moderne Wanderungsbewegung und in zeitgenössischer Zuwanderungsgesellschaft auf Integration als Zielvorstellung geeinigt. Und Integration in diesem Sinne bedeutet, dass sich die betroffenen Zuwanderer zwar in das Wertegefüge – was auch immer man darunter verstehen mag – der Gastgesellschaft einzufügen haben, dass sie aber ihre Muttersprache, ihre Kultur, ihre Religion, ihre Sitten und Gebräuche unbeschadet behalten dürften.

Um es vorwegzunehmen: Diese bislang in Europa und in den anderen westlichen Industrienationen dominierende Vorstellung hat sich indessen als Illusion entpuppt. Sie hat nämlich keineswegs zu einer sozial-kulturell ausgewogenen Gesellschaft geführt, sondern vielmehr zur Entwicklung von Konflikten und Konfrontationssituationen hin zu Parallelgesellschaften und einer vielfältig spannungsgeladenen Ghettokultur. Dies erwies sich bereits nach den Gastarbeiterzuwanderungswellen in den letzten Jahrzehnten des vorigen Jahrhunderts, und nun, mit der massenhaften Armutsmigration, insbesondere aus Afrika, verstärkt sich diese Entwicklung naturgemäß. Explodierende Kriminalität, bürgerkriegsähnliche Zustände sogenannte „No-Go-Areas", religiöser Fundamentalismus und Fanatismus bis hin zum Terrorismus sind die Symptome dieser Entwicklung.

Diese Form von fehlgeleiteter Integration hat sich also in Wahrheit als Segregation erwiesen, die von manchen Teilen der Zuwanderungsgesellschaft als eine Art Landnahme durch Einwanderung in die europäischen Sozialsysteme verstanden zu werden scheint. Der jüngste Aufruf des türkischen Präsidenten Recep Tayyip Erdogan, wonach die Türken in Europa nicht zwei oder drei Kinder, sondern fünf Kinder produzieren sollten, um das türkische Element in Europa zu stärken, deutet auf genau diese Denkweise hin.

Diese Form von Segregation bietet allerdings auch die Chance für die Gaststaaten und Gastgesellschaften, dieser Entwicklung Einhalt zu gebieten. Wenn die betreffenden Völker nicht schon zu dekadent sind, werden sie eine schleichende Landnahme dieser Art, also die von Erdogan geforderte Invasion durch die Gebärmütter, auf Dauer nicht dulden. Nicht vollzogene Assimilation und nicht gelungene Integration führen also zur Segregation, und diese Segregation könnte die Basis für eine Repatriierung der verschiedenen Zuwanderungspopulationen bieten. Dies gilt nicht nur für abgelehnte Asylansuchende und auch nicht nur für illegal Zugewanderte, sondern durchaus auch für Gastarbeiter der zweiten oder dritten Generation. Allzumal dann, wenn diesen massenhaft nachgewiesen werden könnte, dass sie mittels illegaler Doppelstaatsbürgerschaften – im Falle der Türken mutmaßlich sehr häufig – gar nie vorhatten, ihrem Herkunftsland wirklich adieu zu sagen.

Geradezu infantil wirkende Versuche, diese Repatriierung zu beschleunigen, in dem man den potentiellen Heimkehrern Geldprämien verspricht, werden da kaum etwas nützen. Bereits in den 70er und 80er-Jahren des vorigen Jahrhunderts gab es derlei Prämien, die keinen messbaren Effekt hatten. Maßgeblich dürfte vielmehr die Anwendung der vollen Härte der geltenden Gesetze sein: Wer illegal ins Land kommt, hat keine Anspruch auf Asyl und irgendein Bleiberecht. Wer straffällig wird, ist abzuschieben, wer sich unter der Hand für eine illegale Doppelstaatsbürgerschaft entschieden hat, dem ist die Staatsbürgerschaft der europäischen Gastländern ebenso abzuerkennen, und seiner Repatriierung steht auch nichts im Wege.

Neben dem Stopp der unkontrollierten Massenzuwanderung und der schnellstmöglichen Beendigung der heuchlerischen Willkommenskultur ist also solcherart eine Abschiedskultur (die auch eine Abschiebungskultur sein muss) entgegenzusetzen. Die Repatriierung einer Vielzahl von jungen, arbeitsfähigen und mutmaßlich auch tüchtigen Männern in ihre Herkunftsländer wie Afghanistan, Syrien oder die Staaten Schwarzafrikas könnte bei

entsprechendem Einsatz für diese Länder sehr segens-
reich sein. Dabei müssten ihnen die westlichen Industriestaaten wohl behilflich sein. Und das zu beiderlei Nutzen.
Die Wanderungsbewegungen unserer Tage könnten also
künftig verstärkt in Rückwanderung, also in Repatriierung bestehen.

3. KAPITEL

Austro-Türken:
Zeit für Repatriierung

28. April 2017

Was wollt ihr Austro-Türken eigentlich? Diese Frage
wurde in den letzten Tagen nach Bekanntwerden
des Abstimmungsergebnisses über das Erdogan-Plebiszit
in den österreichischen Medien gestellt, wobei die Antwort
zwischen den Zeilen zu erahnen war: Wenn ihr ein autori-
täres System wollt und hierzulande nur die Vorteile unserer
Demokratie ausnützt, geht doch zurück in eure Heimat!

Tatsächlich wird allenthalben nunmehr erkannt, dass
von einer wirklichen Integration der seit den frühen
Gastarbeitern-Zeiten in den 60er-Jahren zugewanderten
Türken in Europa kaum die Rede sein kann. Die Folge dieser selbstgewählten Segregation kann aber aus der Sicht der

Gastländer und aus dem legitimen Interesse der europäischen Völker nur die Rückwanderung, also die Repatriierung, sein. Die Alternative dazu bestünde nämlich in dem, was Recep Tayyip Erdogan im Zuge seiner Wahlkampagne angekündigt hat: In der Landnahme der Türken in Europa! Er hat nämlich gesagt, macht viele Kinder, denn werdet ihr bald die herrschende Kraft in Europa damit sein. Und das bedeutet nichts anderes als ein Programm zur schleichenden Landnahme.

Wie aber kann eine Repatriierung unter rechtsstaatlichen Prämissen humanitär und ethisch sauber vonstatten gehen? Allein durch Plattitüden wie finanzielle Rückwanderungsprämien, wie man sie gegenwärtig für Asylsuchende debattiert, wohl nicht. Es wird vielmehr eines rechtlichen, entsprechend abgesicherten Stufenplans bedürfen. Wie kann aber ein solcher aussehen? Zuerst gilt es wohl einmal, in einem breitangelegten politischen Diskurs einen Konsens drüber zu finden, dass man Parallelgesellschaften in unserem Land auf Dauer nicht dulden kann und nicht dulden will. Danach müsste man wohl all jenen Menschen, die ohne gültigen Rechtstitel im Lande leben, die Heimreise nahelegen, und das durchaus auch mittels staatlicher Zwangsmittel. Naturgemäß wird die Repatriierung straffällig gewordener Ausländer Vorrang haben, danach jene von Arbeitslosen, und schließlich auch die von Menschen, die sich unter Beibehaltung ihrer ursprünglichen Staatsbürgerschaft die österreichische Staatsbürgerschaft erschlichen haben. Doppelstaatsbürgerschaften sind illegal.

Und damit sind wir auch bei jenen Zuwanderern – nicht nur Türken –, denen man in den vergangenen Jahrzehnten vielleicht allzu schnell die österreichischen Staatsbürgerschaft verliehen hat, die sich aber nicht integriert haben und in besagten Parallelgesellschaften leben. Natürlich ist eine Aberkennung der Staatsbürgerschaft nur mit entsprechend triftigen Gründen möglich. Eine für diese Menschen verbindliche Integration aber muss auch im freiheitlichen Rechtsstaat, wie wir ihn haben, durchsetzbar sein. Wer nicht in der Lage ist, sich dem zivilisatorischen Standards unseres Landes, der Staatssprache, den Sitten und Gebräuchen und den europäischen Werten entsprechend anzupassen, dem sollte man doch die Möglichkeit geben, die österreichische Staatsbürgerschaft wieder zurückzulegen und eine Repatriierung anzudenken. In solchen Fällen wären eine Rückkehrprämie und eine Starthilfe für die neue Gründung der Existenz im ehemaligen Heimatland durchaus diskussionswürdig.

Von jenen Menschen aber, die mit Migrationshintergrund im Lande bleiben wollen, ist Integration bis hin zur Assimilation durchaus eine Bringschuld, dann gäbe es nämlich keine „Austro-Türken" mehr, sondern allenfalls noch Österreicher mit türkischen Wurzeln und – was absolute Privatsache ist und nicht in den öffentlichen Raum gehört – solche mit islamischem Religionsbekenntnis. Und diese sollten neben der autochthonen Bevölkerung rein quantitativ tunlichst auch in der Minderheit bleiben, alles andere wäre nationaler Selbstmord auf Raten und eine Bestätigung von Erdogans Wunschdenken, wonach die Türken für Europas Zukunft bestimmend sein werden.

3. KAPITEL

Vollholler und Mittelmeerroute

23. Juni 2017

Der längst angebrochene Langzeit-Wahlkampf treibt in der frühsommerlichen Hitze seltsame Blüten. Zwar nicht so ordinär wie weiland, als Wolfgang Schüssel den Chef der Deutschen Bank immerhin eine „richtige Sau" genannt haben soll, aber doch einigermaßen deftig sprach Kanzler Kern davon, dass sein Konkurrent Außenminister Sebastian Kurz „populistischen Vollholler" verzapfe, wenn er die Schließung der Mittelmeerroute verlangt. Nun wurde das Ganze zwar im vertraulichen Hintergrundgespräch gesagt und wäre eigentlich nicht so tragisch – es zeigt nur, dass die hohen Herren auch nicht sonderlich fein sind, wenn sie so daherreden.

Die Frage stellt sich aber doch, ob es tatsächlich Unsinn (Vollholler soll wohl nichts anderes bedeuten) ist, wenn man diese Mittelmeerroute, über die allein in diesem Jahr schon mehr als hunderttausend Menschen gekommen sind und auf der Tausende ertrinken, schließen will. Die großen Migrationsexperten und politisch korrekten Analytiker sagen natürlich, es ist unmöglich. Warum? Weil Libyen kein sicheres Land sei, in das man Flüchtlinge zurückbringen dürfe. Haben sich diese Flüchtlinge nicht freiwillig nach Libyen begeben? Weil man keine großen Auffanglager bauen könne, diese seien nur Brutstätten für Terrorismus.

Die Parallelgesellschaften und die Ausländerghettos in Europa sind keine Brutstätten für Terroristen? Und weil man das Ganze nach der Genfer Konvention, nach diversen internationalen Rechtsvorschriften schlicht und einfach nicht dürfe. Und diese Rechtsvorschriften sind aufgrund der politischen Notwendigkeit und der Realitäten nicht einfach auch änderbar?

Wie auch immer, Tatsache ist, dass gegenwärtig die europäische Union mit ihrer Mission „Sofia" Hilfstätigkeit für die Schlepperorganisationen leistet und eine Art Abhol- und Fährdienst nach Europa für hunderttausende Wirtschaftsgranten organisiert hat. Tatsache ist auch,dass man mit den heutigen Technologien, Satellitenbobachtung etc. jede Luftmatratze vor der libyschen Küste orten kann.

Und natürlich könnte man jeden Flüchtlingstransport vor dem Verlassen der libyschen Gewässer abfangen und zur Umkehr zwingen, wenn man politisch nur wollte. Und selbstverständlich wäre die Errichtung von humanitär betriebenen und abgesicherten Groß-Camps am Südrand der Sahara, finanziert von der EU und betrieben vom Internationalen Roten Kreuz, eine durchaus akzeptable Möglichkeit, um die illegalen Immigranten abzufangen und nach

Maßgabe legaler Asylgründe zu sieben. Eine Schließung der Mittelmeerroute ist keineswegs Vollholler.

Populistischer Vollholler allerdings sehr wohl ist die Ankündigungspolitik des Herrn Außenministers. Außer schönen Worten und frommen Wünschen – alles abgekupfert von den populären FPÖ-Forderungen der letzten Jahre – hat er nämlich nicht viel von sich gegeben. Was er sagt, macht er allerdings geschickt und positioniert es populistisch.

Vollholler ist es insofern, als er offenbar genau weiß, dass die schönen Worte für einen möglichen Wahlerfolg und ein Umfragehoch reichen, Schritte zur Umsetzung hat der Mann bislang noch nicht gesetzt. Er sonnt sich vielmehr in seinem Ruhm, indem er sagt „ich hab ein Déjà-Vu, als ich die Balkanroute geschlossen habe …" Er allein hat die Balkanroute geschlossen? War da nicht ein gewisser Herr Orban, waren da nicht die Serben, die Kroaten, die Slowenen, waren da nicht Bulgarien und Rumänien auch beteiligt? Da hat der junge Herr eine Schwebung in Türkis. Aber lassen wir Kurz und Kern weiterstreiten, spätestens bis zum Wahltermin am 15. Oktober dieses Jahres!

3. KAPITEL

Massenansturm
der Schwarzen

21. juli 2017

Nun wissen wir es also genau! Jene Zehntausende von schwarzafrikanischen Flüchtlingen, die Italien in den letzten wenigen Wochen betreten haben, wollen natürlich weiter. Und die italienische Zivilgesellschaft – beziehungsweise sogenannte Hilfsorganisationen – wird nicht zögern, diese in Sonderzügen zu Zehntausenden an die Brennergrenze zu schaffen. Gewiss, Österreichs Innenminister Sobotka lässt uns wissen, dass man gefeit ist und gewappnet und dass man die Probleme sofort lösen werde, indem man die Brennergrenze dichtmachen wolle. Und auch der Tiroler Landeshauptmann Platter, ein Parteikollege des Innenministers, beruhigt: Man wisse schon, dass man nicht sehenden Auges in die Katastrophe laufen könne und man habe für alle Fälle vorgesorgt.

Das mag nun schön und gut sein und vielleicht auch tatsächlich der Fall. Tatsache ist aber, dass jene, indessen schon weit über hunderttausende Schwarzafrikaner, in den vergangenen Monaten, seit dem Frühling, über das Mittelmeer nach Italien gekommen sind, nicht auf der Apenninenhalbinsel versickern und verschwinden. Sie wollen natürlich nach Norden in die gelobten Länder: nach Österreich, nach Deutschland und eventuell weiter nach Skandinavien. Und all das illegal, versteht sich.

Nun ist es eine Tatsache, dass die Europäische Union Italien mit der Flüchtlingsfrage weitgehend im Stich gelassen hat. Und es mag durchaus verständlich sein, dass die Italiener nunmehr drohen, ihre Häfen dicht zu machen und die Flüchtlinge einfach weiter nach Norden ziehen wollen lassen. Das ändert aber nichts daran, dass Österreich nichtsdestoweniger selbst für seinen Grenzschutz sorgen und es keinesfalls zulassen kann, dass weitere hunderttausende Illegale ins Land kommen beziehungsweise durch unser Land durchströmen. Sogenanntes Grenzmanagement wird also tatsächlich vonnöten sein, und das bedeutet nicht mehr nicht weniger, als die illegalen Zuwanderer schlicht und einfach nicht über die Grenze zu lassen. Was dann in Italien mit ihnen passieren soll, ist eine andere Frage und diese muss wohl in erster Linie auf europäischer Ebene gelöst werden. Die Tatsache aber, dass Italien diese illegalen Migranten gesetzeswidrig auf sein Territorium gelassen hat, kann es längst nicht rechtfertigen, dass diese nunmehr elegant gesetzeswidrig weiter auf österreichisches Territorium wandern. Ein Unrecht bedeutet nicht, dass man weiteres Unrecht und weiteren Gesetzesbruch begehen kann.

Eine Million Menschen wartet angeblich in Nordafrika auf die Überfuhr nach Europa. Der Fährdienst der Europäischen Union und der NGOs verspricht ihnen offenbar, dass dies ohne Probleme bewerkstelligt werden kann. Weitgehend handelt es sich dabei um Schwarzafrikaner. Dieser Massenansturm von Schwarzen auf Europa ist aber, so meinen Experten, nur der Anfang. Weitere hunderte Millionen von Schwarzen scharren in den Startlöchern, um ebenfalls nach Europa, in das Land, wo Milch und Honig fließen, zu kommen. Diese Menschenmassen, die sich dann in den europäischen Zuwanderer-Gettos sammeln werden, diese Masseninvasion von Schwarzafrikanern, könnte man mit Fug und Recht als Negerkonglomerat bezeichnen – eine chaotisch weitgehend in der Illegalität agierende Gesellschaft, dominiert von illegal aus Schwarzafrika zugewanderten Menschen. Den Begriff Negerkonglomerat, immerhin das Unwort des Jahres vom 2014, mag man nun unappetitlich, ja rassistisch empfinden, die Tatsache, die dahinter steht, geprägt durch die Masseninvasion von Schwarzen, die gegenwärtig über das Mittelmeer läuft, bleibt allerdings bestehen. Das kann einen eigentlich nur mit Angst und Schrecken erfüllen. Die kulturellen und sozialen Verwerfungen, die damit auf die europäischen Länder, insbesondere auch auf unser Österreich, zukommen, werden nicht zu bewältigen sein.

3. KAPITEL

Migration und Europas Identität

Gedanken zur Zukunft
des Abendlandes

6. Oktober 2017

Es gehört zu den gängigen Verschwörungstheorien in
den diversen Obskurantenzirkeln, dieses Zitat, das dem
Grafen Coudenhove-Kalergi, dem Gründer der Paneur-
opa-Bewegung, zugeschrieben wird, wonach das Europa
der Zukunft von einer orientalisch-negroiden Mischbevöl-
kerung geprägt sein solle, die leicht lenkbar und manipulierbar wäre und durch die die alten nationalen Konflikte
des Abendlandes überwunden sein würden. Die Massenzuwanderung der letzten Jahre und die sich nunmehr abzeichnende Bevölkerungsstruktur, zumindest im westlichen Mitteleuropa und in West- und Südeuropa könnten jetzt jenen
Zynikern recht geben, die da meinen, dass Verschwörungs-

theorien allzu oft durchaus reale Entwicklungen abbilden. Die Zuwanderungspopulation aus allen Teilen der Dritten Welt, insbesondere aus dem Orient und aus Schwarzafrika, hat nämlich in unseren Breiten längst jene kritische Masse überschritten, jenseits derer Integration oder gar Assimilation noch möglich wäre. Die massive Veränderung der ethnisch-kulturellen Substanz der europäischen Völker bis hin zu deren quantitativer Marginalisierung und der Entstehung eines „Melting Pots", also eines Schmelztiegels, scheint rein statistisch-mathematisch bereits unaufhaltsam.

Gewiss, in einem Zeitalter, da der Planet sieben Milliarden, in wenigen Jahren vielleicht neun Milliarden Menschen beherbergt und in dem gegenwärtig an die 80 Millionen auf der Flucht sind, in einem Zeitalter der Kriege und Bürgerkriege, gewaltiger Naturkatastrophen und dramatischer klimatischer Veränderungen, in einem solchen Zeitalter wird sich Europa von der weltweiten Migrationsbewegung nicht wirklich freihalten können. Andererseits aber ist es eine Tatsache, dass es auch unter den genannten Umständen Weltregionen gibt, die Zuwanderung überhaupt fernhalten, wie etwa Australien, Japan oder andere ostasiatische Staaten, oder eben solche, die Zuwanderung nach ihren Bedürfnissen steuern und kontrollieren, wie eben Kanada oder weitgehend auch die Vereinigten Staaten von Amerika. Europa hingegen mit seiner politischen Schwäche und seiner Unfähigkeit, die eigenen Grenzen zu schützen, und andererseits mit seinem überaus attraktiven Sozialsystemen und seiner wohlhabenden und freiheitlichen Gesellschaftsordnung, war und ist das Ziel unkontrollierter, ja auch illegaler Zuwanderung. Und damit läuft es Gefahr, zu jenem Melting Pot zu werden, durch den die historisch gewachsene Identität der europäischen Völker aufgelöst zu werden droht.

138

Entgegen allen Versuchen der etablierten Parteienlandschaft und der Mainstream-Medien, diese Problematik kleinzureden und als nicht so gefährlich darzustellen,
stellt sich bei Wahlgängen immer wieder heraus, dass die
Massenmigration und ihre Folgen von den Bürgern der europäischen Staaten als eines der bedrohlichsten Probleme
unserer Zeit betrachtet werden. Zuletzt mussten die Po-
lit-Analytiker in der Bundesrepublik Deutschland feststellen, dass es dieses Thema wiederum war, das die Bürger
in ihrer Wahlentscheidung letztendlich beeinflusst hat. Und
ähnlich wird es wohl auch in Österreich in wenigen Tagen sein. Dementsprechend versuchen auch Vertreter des
politischen Establishments migrationskritische Töne an-
zuschlagen. Der rot–weiß–rote Kanzleraspirant Sebastian
Kurz mimt einen Zuwanderungsverhinderer, die bayrische
CSU verlangt vehement eine Obergrenze der Zuwanderung. Altlinke, wie der Österreicher Peter Pilz, gerieren sich
als Heimatschützer, und selbst Angela Merkel spricht nur
mehr sehr verhalten von ihrer Willkommenskultur.

Doch politische Opportunitäten dieser Art sind im
Grunde nebensächlich. Von historischer Bedeutung ist hingegen der Kampf um die Wahrung der Identität der europäischen Völker und damit der Kampf um Europas Identität
insgesamt. Was ist es denn, was dieses Europa, das historisch gewachsene Abendland, in seinem innersten Kern auszeichnet? Doch die Vielfalt der ethnisch und damit national untermauerten Hochkulturen, die von ihnen in einem
Jahrtausend der Konkurrenz und der Konflikte dennoch
gemeinsam entwickelten zivilisatorischen Errungenschaften
des Humanismus, der Aufklärung und der Freiheit. All dies
ist nunmehr durch die Massenmigration und die damit verbundene Vernichtung der historisch gewachsenen Identität
der europäischen Völker und Europas insgesamt gefährdet.

Im Melting Pot der europäischen Zukunft, wenn er denn
so käme, gibt es nämlich keine national-kulturelle Vielfalt
mehr. Jene Kultursprachen, in denen ein Shakespeare, ein
Goethe, ein Dante Alighieri, ein Cervantes, ein Molière ihre
unsterblichen Werke geschaffen habe, sie müssten einem
Multi-Kulti-Kauderwelsch weichen. Und das christliche
Abendland, welches auf der Basis der griechischen Philosophie, des römischen Rechts und des germanischen Frei-
heitswillens durch Humanismus und Aufklärung zu wahrer
Menschlichkeit veredelt wurde, dieses Abendland würde zum Schauplatz eines latenten Bürgerkriegs und eines
vielschichtigen, chaotischen Kulturkampfs, bei dem deka-
denter Hedonismus und irrationale Esoterik auf Seiten der
autochthonen Restbevölkerung und radikaler Islamismus
sowie atavistische Gemeinschaftsformen auf der anderen
Seite, auf jener der Zuwanderungsbevölkerung nämlich,
die Konfliktparteien stellen würden.

Ein solches Zuwanderungs-Europa wäre naturgemäß
Teil einer chaotischen Welt, deren Konfliktzone sich vom
Mittleren und Nahen Osten über Nord- und Schwarzafrika
bis hin in weite Bereiche Mittel- und Südamerikas erstreckt.
Dieses Europa, dessen Integration als Hort des Friedens,
der Freiheit und des Wohlstands gedacht war, würde somit durch den unbeschränkten Import aller Probleme der
Dritten Welt selbst zu einem Teil derselben werden. Und
neben der Vernichtung der europäischen Hochkulturen
würde dies durch Überdehnung und Überforderung auch
den Zusammenbruch der gewachsenen europäischen Sozialsysteme bedeuten. In einer durch vielfältige Parallelgesellschaften gekennzeichneten Konflikt- und Ghettogesellschaft, in der Befindlichkeit des latenten Bürgerkriegs,
wären die Erfordernisse einer Solidargesellschaft, die mittels Generationenvertrags und gesamtgesellschaftlichen

Zusammenhalts ein hohes Niveau der Sozialleistungen gewährleistet, natürlich nicht mehr möglich.

All diese Gefahren scheinen den europäischen Völkern, auch den einfachen Menschen, auch jenen, die man mit intellektueller Arroganz als „bildungsfern" abqualifiziert, zumindest unterschwellig bewusst zu sein. Der Zuspruch, den identitären Parteien, patriotische Freiheitsbewegungen eben, quer durch Europa durch den Wähler erfahren, und diese opportunistische Hinwendung etablierter Politiker zum Thema Migration und den dadurch gegebenen Gefahren machen dies deutlich. Allerdings muss man sich die bange Frage stellen, ob es nicht bereits zu spät ist, diese unheilvollen Entwicklungen aufzuhalten.

GLOBALER PERSPEKTIVENWECHSEL

4. KAPITEL

Die Weltordnung im Umbruch

Globale Perspektiven 2020

20. Jänner 2017

Die Periodisierung der Geschichte, der Versuch, sie einzuteilen, indem man sie zergliedert und nach gewissen Schwerpunkten gewichtet und ordnet, hat immer etwas Willkürliches an sich. Der Historiker als Archivar zieht geschichtlich Abläufe als Kriterien heran, um das Gemeinsame einer Periode, das scheinbar Prägende, zum Kriterium zu erheben und dieselbe Periode solcher Art zu benennen. Das können führende Mächte, dominante Persönlichkeiten, prägende ökonomische Gegebenheiten oder soziale Phänomene sein, die hier zum Prägemerkmal einer Epoche erklärt werden. Je großflächiger und umfassender eine solche Periode definiert wird, desto unpräziser und ungenauer muss naturgemäß ihre Definition sein. Dennoch nimmt man derlei Periodisierungen immer wieder vor, um die Geschichte und ihre Abläufe überhaupt zu verstehen und erklärbar zu machen.

So sprechen wir etwa von dem „kurzen 20. Jahrhundert", das von 1914, vom Ausbruch des Ersten Weltkriegs bis zum Jahr 1989, bis zum Ende der bipolaren Welt und dem Zusammenbruch der Sowjetunion gereicht habe. Wir können aber auch vom Zeitalter des europäischen Bürgerkriegs, dieses 30-jährigen Kriegs der Flankenmächte gegen die deutsche Mitte sprechen, der von 1914 bis 1945 währte. Danach können wir von der bipolaren Weltordnung der Blockkonfrontation zwischen NATO und Warschauer Pakt, zwischen USA und UdSSR sprechen. Und in der Folge von 1989 bis herauf in unsere Tage, also für einen Zeitraum von mehr als einem Vierteljahrhundert, von einer Epoche, in der die einzig verbliebene Supermacht, die Vereinigten Staaten von Amerika, global dominierten, in der Russland sich als größter Flächenstaat der Welt zu stabilisieren vermochte, China einen ungehinderten ökonomischen Aufstieg erlebte und EU-Europa seine territoriale Abrundung und institutionelle Ausformung fand.

Letzteres Zeitalter scheint nunmehr zu Ende zu gehen: Das weltpolitische Versagen der USA, die in den letzten zwei Jahrzehnten zwar überall in Konflikte eingegriffen bzw. diese sogar verursacht haben, wie im Nahen Osten und in Nordafrika, und die sich global als unfähig erwiesen haben, diese Konflikte zu befrieden oder gar endgültig zu lösen, hat die internationale Akzeptanz der US-Führungsrolle ausgehöhlt bzw. bereits ausgelöscht. Die Wahl Donald Trumps zum US-Präsidenten und der von ihm deklarierte Rückzug auf Amerika selbst und dessen ureigenste Interessen scheinen einen neuen US-amerikanischen Isolationismus anzudeuten. Sein geringes Interesse an EU-Europa, seine Absage an die Notwendigkeit des Nordatlantikpaktes weisen in dieselbe Richtung. Sein Slogan „Make America great again" scheint also weniger auf globale Dominanz als vielmehr auf inneren Wohlstand, innere Sicherheit und ökonomische Stärke abzuzielen. Die zweifellos bei Trump vorhandene irrationale Unberechenbarkeit lässt präzise Prognosen in dieser Hinsicht aber kaum zu.

Exakter lässt sich da schon die Entwicklung der Europäischen Union diagnostizieren: Mit dem Brexit, dem Austritt des Vereinigten Königreichs aus der Union, scheint deren territoriale Ausweitung ihr Ende gefunden zu haben. Zentrifugale Kräfte, die zumindest eine Absage an den Brüsseler EU-Zentralismus fordern, wenn nicht gar selbst vom Austritt träumen, werden in vielen Mitgliedstaaten stärker. Die Osteuropäer, konkret die Visegrád-Staaten, gehen ohnehin ihren eigenen Weg, allerdings ohne eine generelle Absage an die europäische Integration. Und die Südflanke der Union, an der Iberischen Halbinsel über Italien bis Griechenland, steht nach wie vor vor der ungelösten Frage der Einheitswährung Euro, die sie volkswirtschaftlich schlicht und einfach nicht zu bewältigen vermag. Die Schlüsselfrage wird also wohl sein, ob in Frankreich die EU-feindliche Linie von Marine Le Pen zum Durchbruch kommt und ob Deutschland seine Rolle als General-Finanzier aller EU-Belange durchzuhalten vermag. Selbst wenn beide Fragen im Brüsseler Sinn beantwortet werden, lässt sich eine dramatische Schwächung der Union nicht verheimlichen.

Ein Überleben der EU dürfte nur möglich sein, wenn die EU-Nomenklatura und ihr traditioneller Hintergrund in der Lage sind, einen Richtungswechsel der europäischen Integration einzuleiten: Weg vom Zentralismus, von der Überregulierung und den manischen Gleichschaltungstendenzen, hin zu echter Subsidiarität, zu einem wirklichen Verbund souveräner Nationalstaaten mit ethnischer und kultureller, aber auch ökonomischer und fiskalischer Vielfalt.

Die Migrationsproblematik ist zweifellos der große Prüfstein des Überlebens der Europäischen Union: Wird die EU in der Lage sein, die ethnisch-kulturelle Überflutung der europäischen Völker zu stoppen? Wird sie sehr schnell zu einem umfassenden Schutz der EU-Außengrenzen kommen? Wird sie die Überforderung der europäischen Sozialsysteme durch maßlose Inanspruchnahme von EU-fremden Menschen und Populationen beenden können? Und ganz generell, wird sie in der Lage sein, nach innen hin ein liberales und föderatives System zu entwickeln, welches den Bürgern ihre Freiheit, den Völkern ihre Selbstbestimmung, den Mitgliedstaaten ihre Souveränität lässt, und gleichzeitig nach außen hin stark und entschieden die europäischen Interessen im weltweiten ökonomischen und machtpolitischen Wettstreit vertreten zu können?

Dass zu diesem Behufe eine Äquidistanz zu den Flügelmächten USA und Russland gehört, steht außer Zweifel. Eine isolationistische Politik, wie sie Trump einzuschlagen scheint, und ein von ihm angestrebter Ausgleich mit Putin könnte dies für Europa erleichtern. Deutschland als dominanter Faktor innerhalb des verbliebenen EU-Europas müsste dabei zur treibenden Kraft der europäisch-russischen Annäherung werden.

Wenn Trump nunmehr die NATO aus US-amerikanischer Sicht für obsolet erklärt, bringt das die Chance zur Entwicklung eines eigenständigen europäischen Sicherheitssystems, welches im Gegensatz zur bisherigen NATO-Doktrin keinerlei Einkreisungstendenzen gegenüber Russland zeigen dürfte. Der defensive Charakter eines solchen Sicherheits- und Verteidigungssystems, ergänzt allerdings durch eine „Peacekeeper-Funktion" für globale Krisenherde, dürfte nicht mehr zwischen Russland und Amerika stehen, so wie dies bislang die US-dominierte NATO tut.

Als vierter Faktor neben Trumps Amerika, EU-Europa und Putins Russland käme das staatskapitalistische und nach wie vor kommunistische China. Es stünde im Interesse der drei anderen Großmächte auf der nördlichen Halbkugel, dieses immer stärker werdende China zur Einhaltung internationaler Regeln in ökonomischer und machtpolitischer Hinsicht zu bewegen. Chinas ökonomischer Imperialismus, insbesondere in weiten Bereichen der Dritten Welt und Afrikas, wo man sich mit gewaltigen Summen Einflusszonen und Rohstoffe sichert, stellt gewiss eine Entwicklung dar, die für die anderen Mächte nicht akzeptierbar sein wird.

Wie weit sich diese vier großen Mächte, verstärkt durch zusätzliche Mächte der zweiten Kategorie wie etwa Kanada, Japan und – nicht zu vergessen – Brexit-Großbritannien, gemeinsam mit den Schwellenländern der südlichen Hemisphäre in der Lage sein werden, den Weltfrieden zu erhalten bzw. wieder herzustellen, bleibt abzuwarten. Der globale Konfliktgürtel, der von Zentralasien und fort über den Nahen Osten, Afrika und Mittelamerika reicht, wird in den künftigen Jahren und Jahrzehnten das stets glimmende, immer wieder explodierende Pulverfass der Weltpolitik sein oder zum Exerzierfeld und zum Prüfstein gemeinsamer Konfliktlösungsstrategien werden. Schwellenländer wie Indien, Brasilien und Mexiko könnten in eine solche multipolare Weltordnung gewiss konstruktiv einbezogen werden.

Soweit ein zwar schwieriges, aber optimistisches und positives Zukunftsszenario. Die Wahrscheinlichkeit und Realisierbarkeit eines solchen muss aber aufgrund der zahlreichen Konfliktfelder, der politischen Unfähigkeit und Destruktivität, die in vielen Bereichen herrscht, und schlicht und einfach der menschlichen Unzulänglichkeiten eher bezweifelt werden. Wahrscheinlicher ist der Weg in ein Zeitalter des Chaos, in dem konstruktive Kräfte, die zumindest in ihren Bereichen für Recht und Ordnung stehen, zunehmend ins Hintertreffen geraten. Irrationale politische Bewegungen, geführt von irrationalen, wenn nicht gar psychopatischen Persönlichkeiten, könnten dominieren. Religiöser Fundamentalismus auf der einen Seite, ein völlig unkontrollierbarer Kapitalismus auf der anderen Seite könnten rationale, an humanitärem Denken orientierte Politik weitgehend unmöglich machen.

In einem solcherart geprägten Zeitalter des Chaos wären die westlichen Industriestaaten, insbesondere auch die europäischen Demokratien in ihrem gesellschaftlichen Zustand als Massenzuwanderungs-Gesellschaften in jeglicher Hinsicht vom Niedergang geprägt. Der schleichende Zusammenbruch der Sozialsysteme, die dramatische Verarmung breiter Bevölkerungsschichten, die Aushöhlung der Demokratie und das dramatische Anwachsen von Kriminalität bis hin zum latenten Bürgerkrieg in den Parallelgesellschaften und Zuwandererghettos werden zwangsläufig das Bild dieses Niedergangs prägen. Ob die neuen patriotischen Parteien, die nahezu in allen EU-Mitgliedstaaten aufkommen, diese Entwicklung bremsen bzw. abwenden können, ist mehr als ungewiss. In weiten Bereichen der soziokulturellen Entwicklung innerhalb der europäischen Staaten ist der „point of no return" wahrscheinlich längst überschritten, sind manche unheilvollen Entwicklungen der letzten Jahrzehnte unumkehrbar. Da werden dennoch neue politische Kräfte und eine neue multipolare Weltordnung, wie sie eingangs geschildert wurde, kaum mehr etwas zu ändern vermögen.

4. KAPITEL

So ein „Trumpel"?

27. Jänner 2017

Nun ist er also angelobt, der 45. Präsident der Vereinigten Staaten. Weder das politische Establishment, das sich hinter ihrer Marionette Hillary Clinton versammelt hatte, noch die vereinte etablierte Medienlandschaft konnten ihn verhindern. Auch keine Verfassungsklage, keine Neuauszählung und nicht die Gerüchte um russische Internetmanipulationen und Moskauer Pornos, Donald Trump ist Präsident.

Und schon ist die Hetze in einem Maße losgegangen, die man eigentlich nicht für möglich gehalten hätte. Millionen gingen in den US-Großstädten auf die Straße, weil sie den nach dem US-Wahlrecht demokratisch gewählten Präsidenten nicht akzeptieren wollten, ein merkwürdiges Demokratieverständnis. Und auf allen Kanälen quer über den Planeten, in den Gazetten und in den Talkshows finden sich gegenwärtig mehr oder weniger kompetente Experten, die uns erklären, welch Rüpel, welch tendenzieller Analphabet der neue Mann im Weißen Haus ist. Er habe den Sprachsatz eines Zwölfjährigen, sei natürlich Rassist und Frauenfeind und unter der gelben Fönfrisur ticke ein hochgefährliches Gehirn, das auch gut für den Dritten Weltkrieg oder den Atomschlag sei.

Soweit, so eintönig und auch einfältig, muss man indessen feststellen. Aber auch verräterisch: Man stelle sich vor, dass beispielsweise irgendwelche physischen oder psychischen Defekte eines Mainstream-Politikers von rechter Seite an den Pranger gestellt oder lächerlich gemacht würden. Man stelle sich umgekehrt vor, die ach so bösen „Rechtspopulisten" würden Millionen mobilisieren und auf die Straße gegen einen demokratischen gewählten Mainstream-Präsidenten mobilisieren. Das wäre dann natürlich menschenverachtend, faschistisch und unerträglich.

Der Hass des politisch-korrekten Establishments auf jeden, der seine absolute Dominanz in Frage stellt oder gar unterläuft, muss offenbar nicht verhüllt werden und er ist grenzenlos. Wir wissen jetzt, was uns in Europa erwartet, wenn etwa Marine Le Pen in Frankreich die Präsidentschaftswahlen gewinnt oder wenn Heinz-Christian Strache in Österreich Bundeskanzler werden sollte. Das sind es dann zweifellos nicht die bösen Rechten, die den Bürgerkrieg ausrufen, nein, dann werden es von den politisch-korrekten Medien hochgejubelte Massendemonstrationen sein, die natürlich demokratisch legitim sind und nur den durchaus verständlichen Bürgerprotest gegen die Gefahr einer rechten Machtübernahme artikulieren.

Kein Mensch kommt in Österreich beispielsweise von der rechten oder freiheitlichen Seite auf die Idee, gegen die Amtseinführung des Alexander van der Bellen in dieser Woche zu demonstrieren. Niemand mobilisiert die Straße, keiner hetzt, die Anhänger des unterlegenen freiheitlichen Kandidaten gegen das neue Staatsoberhaupt auf. Ob es umgekehrt auch so gewesen wäre darf bezweifelt werden.

Und apropos Aufhetzen: In zwei Wochen werden wir sehen, ob die militante Linke wieder ihren Narrentanz gegen den Wiener Akademikerball rund um die Hofburg veranstalten wird. Alexander Van der Bellen hat ja im Wahlkampf gesagt, man möge die Burschenschaften doch ihren Ball in der Hofburg feiern lassen, was sei schon dabei. Wir werden sehen, wie er sich nunmehr im Amt dazu äußert, wenn der Schwarze Block in Wien wieder marschiert.

4. KAPITEL

Der Aufmarsch der Janitscharen

Wie Erdogans Türkei zum Herausforderer Europas wird – eine Analyse

17. März 2017

Knapp hundert Jahre ist es her, dass das Osmanische Reich durch die gemeinsam mit den Mittelmächten erlittene Niederlage im Ersten Weltkrieg zerbrach. Die Hohe Pforte, der Sultan im Topkapi-Palast in Istanbul und seine Herrschaft über weite Bereiche der islamischen Welt gehörten der Vergangenheit an, waren Geschichte. Die Jungtürken und Kemal Pascha, später genannt Atatürk, retteten, was zu retten war, und schufen die neue Türkei als einen Nationalstaat, der – zumindest theoretisch – in Richtung Europa blickte. Fez und Kopftuch sollten der Vergangenheit angehören, der Muezzin und tanzende Derwische waren Relikte aus der historischen Mottenkiste.

Westliche Technik, europäische Zivilisation, Fortschritt und ein laizistisches System, nicht sonderlich demokratisch, allerdings „kemalistisch" eben, sollten die Türkei in die Zukunft führen. Der Armenier-Genozid, die Vertreibung der ionischen Griechen, die Aufarbeitung der Kriegsschäden und natürlich der Verlust gewaltiger Territorien im Nahen Osten und auch auf dem europäischen Festland waren zu verkraften. Dennoch, der Weg der Türkei schien in eine europäische Zukunft zu führen, und nachdem es dem Land gelang, im Zweiten Weltkrieg neutral zu bleiben, um in der Folge in den 70er-Jahren und 80er-Jahren den Makel eines Dritte-Welt-Landes abzuschütteln, schien die europäische Integration schlechthin die einzige türkische Perspektive zu sein.

Und dann kamen die AKP und Recep Tayyip Erdogan. Eine, wie es ursprünglich hieß „gemäßigte islamistische" Partei, die allerdings, wie wir nun wissen, die Islamisierung des Landes gezielt und vehement vorantreibt. Und mit Erdogan, einem Führer, der seit Kemal Atatürk wohl der populärste türkische Politiker ist. Nach Jahren, in denen es nach Demokratisierung und Wirtschaftsaufschwung aussah, will Erdogan nunmehr ein autoritatives Präsidialsystem einführen. Und die Ausrichtung Ankaras in Richtung Brüssel scheint nur mehr Vorwand dafür zu sein, Geld von den Europäern zu lukrieren, und zwar viele Milliarden Heranführungshilfe und Bezahlung für die Sperrung der Flüchtlingsrouten.

Tatsächlich hat die neue Türkei unter Erdogan auch ganz andere Perspektiven als nur die europäische. Immer schon war das Land so etwas wie eine Leitnation für alle Turkvölker im Nahen und Mittleren Osten. Wenig bekannt ist in diesem Zusammenhang, dass die Angehörigen der Turkvölker, ähnlich wie die Volksdeutschen in der Bundesrepublik Deutschland, in der Türkei sofort einen türkischen Pass bekommen, wenn sie wollen. In diesem Sinne wirkt die Türkei als regionale Großmacht bis weit hinein nach Zentralasien.

Abgesehen davon aber galt die Türkei lange Jahre als so etwas wie eine islamische Vorzeigedemokratie. Gerade in Bereichen, in denen das alte Osmanische Reich über Jahrhunderte herrschte, in den arabischen Regionen und in Nordafrika, und wo diese osmanische Herrschaft bis heute als verhasst gilt, zeigte sie nunmehr den Weg auf, wie man westliche Demokratie und moderaten Islamismus miteinander verbinden könnte.

Dies hat sich nunmehr allerdings geändert. Von moderatem Islamismus ist keine Rede mehr und von Demokratie auch nicht mehr viel. Vielmehr scheint die Islamisierung des Landes immer radikalere Formen anzunehmen, und die autoritären Tendenzen der AKP weisen in eine völlig andere Richtung als in jene der westlichen liberalen Demokratie. Aber auch in jener Form scheint die Türkei den Ehrgeiz zu haben, im Nahen Osten und in der islamischen Welt eine Führungsrolle zu spielen. Gerade die jetzt anstehende Neuordnung des Irak und Syriens bietet der Türkei ein breites Betätigungsfeld als regionale Vormacht im Nahen Osten.

Erdogan scheint gewillt, diese Rolle auch zu spielen, dabei hat er allerdings das Kurdenproblem als schwere Hypothek zu bewältigen. In der östlichen Türkei, die bekanntlich von Millionen von Kurden bewohnt wird, muss er die Einheit des türkischen Territoriums bewahren, indem er weiter von der Fiktion ausgeht, dass die Kurden ja in Wahrheit „Bergtürken" seien. Im Bereich des nördlichen Syriens und des angrenzenden Iraks muss er das Entstehen eines geschlossenen kurdischen Territoriums oder gar eines Kurdenstaats verhindern, da ein solcher naturgemäß eine gewaltige Sogkraft auf die in der Türkei lebenden Kurden ausüben würde. Neben der Verhinderung eines solchen Kurdenstaats aber ist es Erdogans Bestreben, in der Großregion zwischen dem Mittelmeer, dem Iran und der arabischen Halbinsel als regionale Großmacht anerkannt zu werden.

Und die europäischen Ambitionen der Türkei? Das Bestreben, Mitglied der EU zu werden, ist wohl mehr oder weniger ad acta gelegt worden. Man holt sich – wie gesagt – noch Finanzmittel in Milliardenhöhe, soweit dies möglich ist, hat aber wohl oder übel zur Kenntnis genommen, dass eine Vollmitgliedschaft auf absehbare Zeit – insbesondere in Anbetracht der aktuellen politischen Entwicklung im Lande – nicht mehr möglich sein wird.

Umso entschiedener betreibt man aber die Betreuung der türkischen Communities in Mitteleuropa, insbesondere in Deutschland und Österreich, wo sich insgesamt immerhin Millionen Türken auf Dauer niedergelassen haben. Entweder sind diese Menschen nach wie vor türkische Staatsbürger oder sie haben über eine – zumeist illegale – Doppelstaatsbürgerschaft nach wie vor Kontakt zu ihren türkischen Wurzeln. Gerade in diesen Tagen ist Erdogans Versuch, hier für sein Verfassungsplebiszit Wahlwerbung zu betreiben, eine große Streitfrage gegenüber den Gastländern der Euro-Türken. Weil man Erdogans Wahlwerbung zwischen Köln und Wien nicht so ohne Weiteres akzeptieren will, diffamiert der neue Sultan die Deutschen als Nazis und die Österreicher als Rassisten. Die Loyalität seiner Landsleute, der Deutsch-Türken und der Austro-Türken, ist ihm allerdings zu einem hohen Prozentsatz gewiss.

Ein weiteres Spielfeld der neo-osmanischen Ambitionen ist der Balkan. Hier gibt es so etwas wie eine Re-Osmanisierung in jenen Territorien, die einst ohnedies zum türkischen Sultanat gehört haben. In Bosnien und im Kosovo gelten als die großen islamischen Geldgeber zwar Saudi Arabien und die Golfstaaten und die Wahhabiten, die von dort aus gesteuert werden. Geopolitisch aber ist es die Türkei, die auch in dieser Region zunehmend eine Rolle zu spielen scheint.

Insgesamt muss man sagen, dass türkische Parallelgesellschaften in Mitteleuropa und Westeuropa, türkische Geopolitik auf dem Balkan, regionale Vormachtpolitik im Nahen Osten und im Bereich der Turkvölker in Zentralasien gemeinsam mit der zunehmenden Islamisierung des Landes und dem autoritären Kurs Erdogans eine unheilvolle Gemengelage bilden. Hier etabliert sich am südöstlichen Rand Europas ein neuer Machtfaktor mit Großmachtambitionen. Die Herausforderung gegenüber Europa, die damit gegeben ist, ist unübersehbar, und dass diese geopolitische Herausforderung überdies durch die türkische Massenzuwanderung nach Europa selbst und durch die Islamisierung in der Türkei, aber auch in den europäischen Zuwanderer-Populationen Sprengstoff gewaltigen Ausmaßes beinhaltet, ist ebenso klar. Sultan Recep Tayyip der I. und die Hohe Pforte lassen grüßen.

4. KAPITEL

Ist Frankreich wieder Polit-Avantgarde?

Chancen und Gefahren der französischen Präsidentschaftswahl – eine Analyse

7. April 2017

In den Umfragen ist sie auf jeden Fall vorne: Marine Le Pen, die Vorsitzende des Front National, und dennoch sind sich die meisten politischen Beobachter darüber einig, dass sie nicht in den Elysee-Palast einziehen wird. Der „Cordon Sanitaire", gezogen von allen Parteien des Establishments, dürfte wiederum funktionieren, und im zweiten Wahlgang wird zweifellos jener Gegenkandidat, der im ersten hinter ihr liegt, mit den Stimmen aller anderen Parteien rechnen können. Wenn, ja, wenn der französische Bürger mitspielt und sich vom Establishment einmal mehr gängeln lässt.

Frankreich ist nun nicht irgendein Land. Es ist nicht so, wie wenn in Finnland die „Wahren Finnen" politisch durchmarschieren oder wenn in den Niederlanden Geert Wilders und im kleinen Österreich Heinz-Christian Strache Triumphe feiern. Nein, Frankreich, das ist ein Siegerstaat des Zweiten Weltkrieges, das ist eine der vier alliierten Mächte, die neben den USA, neben Russland (vormals Sowjetunion) und Großbritannien die seit 1945 bis zum heutigen Tag geltende Weltordnung bestimmte. Und Frankreich ist eine Atommacht und nach wie vor ein Land, das mit weiten Kolonialgebieten in Asien und Afrika den Planeten prägt. Frankreich ist schlussendlich ein Land, dessen politische Kultur weltweiten Einfluss hat. Wer also in Frankreich Wahlen gewinnt und wer in den Elysee-Palast einzieht, das ist schon von weltpolitischer Bedeutung.

Einerseits ist der politische Erfolg des Front National unter Marine Le Pen ein schlagender Beweis für den Aufstieg jener neuen oder erneuerten rechtsdemokratischen Parteien, die – vom Establishment als solche gescholten – als „Rechtspopulisten" die politische Szene in Europa gegenwärtig prägen. Mit glaubwürdigem Patriotismus und starkem sozialem Engagement für die Schwachen der eigenen Bevölkerung sowie mit mehr oder weniger starker EU-Kritik punkten politische Bewegungen dieser Art quer durch Europa. Und der Front National ist jene im bedeutesten und größten EU-Land (sieht man von der AfD ab, deren Schicksal in Deutschland gegenwärtig ungewiss zu sein scheint).

Wenn Marine Le Pen also zur stärksten politischen Kraft im Lande aufsteigt, könnte sich die französische Politik grundlegend ändern. Der Schutz französischer Arbeitsplätze und das Ende der Masseneinwanderung, ein gewisser Protektionismus im Sinne der französischen Wirtschaft und die stärkere Betonung der französischen Interessen werden wohl das mindeste, was zu erwarten wäre. Ob ein

Frankreich unter der Führung des Front National tatsächlich den EU-Austritt befürworten und vollziehen würde, ist eine Frage, die zumindest im Raum steht, und dabei wird es natürlich gefährlich. Wenn nämlich Frankreich aus der europäischen Integration ausschert, dann muss man diese wohl als gescheitert betrachten. Eine Umorientierung der europäischen Einigungspolitik, eine Reform der Europäischen Union an Haupt und Gliedern, die Abkehr vom Brüsseler Zentralismus, all das wäre nicht nur sinnvoll, sondern auch verkraftbar. Ein wirklicher Frexit aber wäre zweifellos höchst bedenklich für Europa insgesamt.

Dies allzumal, da es im Front National zumindest unterschwellig massive antideutsche Ressentiments gibt. Der Vorwurf, das Berlin über den Euro und seine Sparpolitik Europa dominiere, wird in Führungskreis des Front National keineswegs selten erhoben und – was schlimmer ist – auch geglaubt. Die Linie des alten Front National unter Jean-Marie Le Pen, die gewissermaßen in der Tradition des französischen Pétainismus und sehr deutschfreundlich war, findet im erneuerten Front National unter Marine Le Pen keine Fortsetzung. Die berechtigte Kritik an der Merkelschen Einwanderungspolitik und eine Aversion gegen die deutsche ökonomische Übermacht verbinden sich hier zu einer Haltung, die im Falle eines EU-Austrittes Frankreichs die deutsch-französische Verständigung, wie wir sie seit De Gaulle und Adenauer kennen, tatsächlich gefährden könnte.

Abgesehen davon aber wäre ein politischer Durchmarsch von Marine Le Pen im Hinblick auf die Bewahrung der Identität der europäischen Völker gewiss von beispielgebender Bedeutung. Die Beendigung der Massenzuwanderung, das entschiedene Eintreten gegen die Islamisierung des Landes und gegen die Überdehnung der historisch ge-

159

wachsenen europäischen Sozialsysteme, all dies könnte in Frankreich modellhaft umgesetzt werden. Und selbst wenn Marine Le Pen – was leider zu erwarten ist – nicht Staatspräsidentin wird, müsste sie die neue Kraft des Front National auf der parlamentarischen Ebene umsetzen. Die ist zwar auf Grund des französischen Wahlrechts schwierig, wird aber auf Dauer der stärksten Partei des Landes nicht verwehrt werden können.

Solcherart könnte Frankreich also wieder einmal, wie so oft in der Geschichte, eine politische Avantgarde sein und ein Beispiel nicht nur für die anderen europäischen Staaten, sondern weltweit insgesamt. Eine Avantgarde in jene Sinne, dass man mit einer vernünftigen patriotischen Politik mit ausgewogener Sozialpolitik und restriktiver Einwanderung beim Wähler durchaus punkten kann und die historische Identität der europäischen Völker gleichzeitig zu bewahren vermag.

4. KAPITEL

Was soll man noch glauben?

14. April 2017

Ein Giftgasangriff in Syrien: Ist Assad, sind die Russen tatsächlich so wahnsinnig, Giftgas einzusetzen und damit nicht nur zig Menschenleben grausam vernichten, sondern auch ihr Ansehen in der internationalen Staatengemeinschaft? Will der syrische Präsident gerade jetzt, wo er militärisch am Siegen ist, mit einem Giftgasangriff alle gegen sich aufzubringen und sogar US-Präsident Trump damit zu einem Luftschlag bewegen? Die westlichen Medien behaupten jedenfalls, dass Assad dafür verantwortlich sei. Von der innerpolitischen Logik her allerdings muss man sich weigern, das zu glauben. Und wenn man an die Behauptung zurückdenkt, dass Saddam Hussein Massenvernichtungswaffen gehabt hätte, die man dann niemals fand, darf man schon skeptisch sein.

Oder wie man uns hierzulande Studien präsentiert, wonach die Massenzuwanderung der letzten zwei Jahre für Österreich volkswirtschaftlich ein Riesengewinn sein werde, und gleichzeitig zur Kenntnis nehmen muss, was an soziale Transferleistungen an eben dieselben „Schutzsuchenden" aus dem österreichischen Steuersäckel gezahlt wird, muss man auch zur Ansicht kommen, dass man hier belogen wird. Genauso, wenn es um die Anzahl der in Massen Zuwandernden geht: Keine 37.000 waren es bekanntlich im Vorjahr. Allerdings nur jene, die einen Asylantrag stellen durften. Diejenigen, die abgelehnt wurden, jene, die gar nicht registriert wurden, die scheinen nicht auf. Und natürlich auch nicht die Anzahl jener, die über den Familiennachzug kommen. Hier wird verschleiert, vertuscht, verschwiegen. Und der Bürger weiß einmal mehr nicht mehr, was er glauben soll.

Die etablierten Meinungsforscher sprechen in jüngster Zeit ständig davon, dass von „rechtspopulistischer Seite" sogenannte „Fake News" in die Welt gesetzt würden. Insbesondere über die sozialen Medien, über Facebook und Twitter, würden Falschmedien und Lügengeschichten zwecks Verhetzung verbreitet. Der neue US-Präsident Donald Trump muss immer herhalten als Sündenbock, als Schuldiger für solche Fake News. Der Durchschnittsbürger, die schweigende Mehrheit der Bevölkerung, hat allerdings hingegen den Eindruck, dass Verschweigen, Vertuschen, Verharmlosen oder auch schlichtes Belügen der Öffentlichkeit hier von der etablierten Seite, von den sogenannten Mainstream-Medien, ausgeht.

Gerade was die Massenzuwanderung und die daraus resultierenden Probleme, die steigende Kriminalität, die sozialen Kosten dafür angeht, gerade in diesen Bereichen scheint das böse Wort von der „Lügenpresse" durchaus berechtigt zu sein. Fake News verbreiten nicht die ach so bösen Rechten, Fake News verbreiten die Propagandisten der Machthaber. Und zwar, was die wirklichen Zustände im Lande selbst, was die Massenzuwanderung betrifft, aber offenbar auch, was die internationale Politik angeht. Und da kann man schon Angst bekommen! Werden womöglich wirklich dutzende, wenn nicht gar hunderte Menschen mit Giftgas getötet, um einen unliebsamen Machthaber endgültig international zu isolieren? Wird das, was wir bisher nur aus Agentenfilmen kennen zu glaubten, tatsächlich Bestandteil der internationalen Politik? Wir wissen nicht mehr so richtig, was wir glauben sollen.

4. KAPITEL

Triumph der Machterhalter

12. Mai 2017

Es ist sich also wieder einmal ausgegangen für die Kräfte des politischen Establishments: In Frankreich hat Emmanuel Macron die Präsidentschaftswahlen klar gewonnen, die rechte Herausforderin Marine Le Pen ist unterlegen. Das Triumphgeheul der zeitgeistig politisch korrekten Medien und all der etablierten politischen Parteien im Brüsseler EU-Europa ist lautstark und unüberhörbar. Und das durchaus mit Recht.

Es hat sich nämlich in der Grande Nation ebenso wie wenige Wochen zuvor in den Niederlanden herausgestellt, dass die etablierten Kräfte bei allem Anwachsen der rechtsdemokratischen patriotischen Opposition immer noch die Mehrheit haben. Gemeinsam kommen die Parteien des Establishments eben zumindest auf 51 Prozent, und den Patrioten kann man die lange Nase zeigen. Bedauerlicherweise wird man dieses Faktum wohl auch für künftige Wahlen in Österreich als gegeben annehmen müssen. Und natürlich fühlen sich die Machterhalter auch in Hinblick auf die von ihnen angewandten Strategien bestätigt: Patriotische Partcien und Kandidaten werden beinhart ausgegrenzt und ins rechtsextreme Eck gestellt. Und neuerdings wird folgende Stratege gerne angewandt: Nimm einen schicken, unverbrauchten Kandidaten, einen, dem Slim-Fit-Anzüge passen, und mache auf patriotisch, zitiere oft – wir entsinnen uns an Alexander Van der Bellen im vorjährigen Bundespräsidentenwahlkampf in Österreich – das Wort Heimat möglichst und erhebe überhaupt einen Teil jener Forderungen, die die rechten Patrioten seit Jahrzehnten erhoben haben. Fordere die Einschränkung des Flüchtlingsstroms, die Errichtung von Aufnahmezentren außerhalb der EU, die Integration der Zuwanderer, ein Verbot der Vollverschleierung im öffentlichen Raum, mehr Sicherheit, ein rigoroses Vorgehen der Exekutive und auch Abschiebungen von straffällig gewordenen Ausländer. All das scheint zu reichen, um die nicht politisch korrekte Opposition einzudämmen. Herr Rutte hat dies in Holland gegenüber Geert Wilders geschafft, Herr Macron in Frankreich, und Herr Kern setzt wohl darauf, dass er es auch in Österreich auf diese Art und Weise schaffen wird können.

Ob eine Strategie dieser Art auf Dauer erfolgreich sein kann, ist eine andere Frage. Für die patriotischen Freiheitsparteien Europas, so stark sie indessen auch geworden sind, ist dies allerdings eine bittere Angelegenheit. Denn sie haben weiter zu kämpfen und sich zu gedulden. Für die Völker Europas ist es auch eine verhängnisvolle Entwicklung. Die etablierten Kräfte haben nämlich in Wahrheit nicht vor, die drängenden Probleme, insbesondere im Bereich der Zuwanderung, zu lösen, sie wollen ja nur der zu recht besorgten Bevölkerung wirkungslose Beruhigungspillen verabreichen. Sie beschränken sich auf Ankündigungen und auf bloßes Gerede – dem keine Taten folgen. Das heißt nicht mehr und nicht weniger, als dass die verhängnisvolle Entwicklungen, die Massenzuwanderung, die Aushöhlung der europäischen Sozialsysteme, der dramatische Anstieg der Kriminalität und die Entwicklung von radikalen muslimischen Parallelgesellschaften ungebremst weitergehen wird.

Das Duell Kurz gegen Kern, das man in Österreich gegenwärtig inszeniert, ist nicht mehr als ein Scheingefecht, um die freiheitliche Opposition klein zu halten.

Möglicherweise wird dies bei der künftigen Nationalratswahl auch gelingen. Und die Freiheitlichen unter H.-C. Strache müssen sich weitere fünf Jahre gedulden und weiterkämpfen. Für Österreich ist dies alles andere als erfreulich, denn die Zustände im Lande nehmen langsam dramatische Ausmaße an. Das, was man sich früher von den Banlieues französischer Großstädte erzählt hat, wird gegenwärtig auch in Österreich Realität. Ausländer-Ghettos mit Parallelgesellschaften, No-Go-Areas und nicht integrieren gewaltbereite Zuwanderer. Weit haben wir's gebracht.

4. KAPITEL

Krieg der Kontinente

Über die Rückkehr der Geopolitik

11. August 2017

Das kurze 20. Jahrhundert, die Epoche nämlich zwischen 1914, dem Ausbruch des Ersten Weltkriegs, und 1989, dem Zusammenbruch des Ostblocks, jene Zeitspanne von 75 Jahren also, darf als eine Ära des Kriegs der Ideologien betrachtet werden: Zuerst der Kampf zur Vernichtung der Kaiserreiche. Der Erste Weltkrieg zeitigte bekanntlich das Ende des Wilhelminischen Kaiserreichs, des Habsburger Kaiserreichs, des Zarenreichs und des Osmanischen Reichs. Dann die große Konfrontation zwischen Faschismus und Nationalsozialismus auf der einen Seite und dem Bündnis zwischen westlichen Demokratien und Sowjetkommunismus auf der anderen Seite. Schließlich die Supermachtkonfrontation zwischen NATO und Warschauer Pakt, also zwischen westlicher Wertegemeinschaft und real existierendem Sozialismus. All das gipfelnd in einem europäischen Bürgerkrieg, den letztlich die außereuropäischen Mächte, die USA und die Sowjetunion, für sich entscheiden konnten.

Nach der Implosion des Sowjetblocks schien es so, als gäbe es den globalen Sieg der Demokratie westlicher Prägung, der freien Marktwirtschaft und als würden die USA als einzige globale Supermacht übrig bleiben. Träumer sprachen gar vom „Ende der Geschichte". Der darauf aufbauende Neoliberalismus, sowohl als Gesellschaftsbild als auch als globales Ordnungsprinzip, sollte sich allerdings als fatale Sackgasse erweisen.

Weltweiter Freihandel, gepaart mit dem sukzessiven globalen Durchbruch der westlichen Demokratie als staatsrechtliches Ziel, mochte zwar das Idealbild der Apologeten der „westlichen Wertegemeinschaft" sein, in Wahrheit war es eher so etwas wie der optimale Rahmen für die Weltherrschaft der multinationalen Konzerne und der Finanzmärkte. Eine Entwicklung, die vom kommunistischen und staatskapitalistischen China, vom neuen Russland unter Vladimir Putin und von der islamischen Welt ohnedies niemals mitgemacht wurde.

Aber auch die neokonservativen Strategien, mittels welcher die US-Amerikaner, insbesondere unter George W. Bush Junior in der Folge, ihre globale Dominanz abzusichern versuchten, scheiterten in Summe. Wiewohl die einzige Supermacht auf dem Planeten, waren und sind die von den USA geführten Kriege weitestgehend glücklos. Und die von Washington offensichtlich unterstützte Destabilisierung weiter Regionen des Planeten, insbesondere im Nahen und Mittleren Osten und Nordafrika, die unter dem

Banner der Demokratisierung antrat, mündete ebenso in bloßem Chaos. Dieses Versagen der einzigen Supermacht, das sich in einem Gürtel von Failed States von Pakistan, Afghanistan über den Irak, Syrien bis hin ins nordafrikanische Libyen manifestiert, beweist in erster Linie, dass die Menschheit und der Planet in ein neues Zeitalter des globalen Chaos eingetreten sind.

Die unter der neuen Administration Trump offensichtlich planlos agierende Supermacht USA und die nicht minder ziellos zu agieren scheinenden Europäer verstärken diese unheilvolle Entwicklung noch. Von der einstmals propagierten „neuen Weltordnung" ist nichts übrig geblieben, im Gegenteil, eine neue „Welt-Unordnung" dominiert das globale Geschehen.

Das offensichtliche Versagen der aus dem 19. Jahrhundert stammenden großen Ideologien des Liberalismus und des Sozialismus und die Unfähigkeit der bislang dominierenden Weltmächte, aber auch die Unmöglichkeit, den „Kampf der Kulturen", insbesondere der Konfrontation der in Dekadenz versinkenden westlichen postindustriellen Zivilisation auf der einen Seite und auf der anderen Seite der islamischen Welt mit den Armutsgesellschaften der Dritte Welt aus Schwarzafrika, Südostasien und Lateinamerika einer friedlichen Lösung zuzuführen, könnte einem neuen Ordnungsmodell Tür und Tor öffnen: der Geopolitik.

Die Idee, dass große geographische Räume, die durch Landschaft und Klima geprägt sind, aber auch durch Kultur und Ökonomie, durch Geschichte und Politik der sie bewohnenden Menschen, dass solche Räume den Rahmen für politische Ordnungsmodelle bilden könnten und müssten, dieser Gedanke ist nicht neu. In einer Ära aber, in der einerseits alte Großmächte eine politische Erneuerung anstreben, wie es Russland und China oder auch Indien offenbar tun, in der andererseits kleinstaatlich gegliederte Räume supranationale Verbände bilden wollen, in einer solchen Ära ist die geopolitische Tendenz zu kontinental ausgerichteten Ordnungsmodellen unübersehbar.

Da ist einerseits das nach wie vor schwächelnde EU-Europa, das sich – unter deutscher Führung? – wohl erst neu erfinden wird müssen. Andererseits der angloamerikanische Nordkontinent, flankiert vom lateinischen Südkontinent. Und im Osten die größte Landmacht des Planeten, Wladimir Putins Russland, im Osten flankiert vom staatskapitalistischen China, welches den Südosten Asiens geradezu in eine Randposition drängt. Dennoch bleibt die eigenwillige Industrienation Japan, bleiben die Nationen Südostasiens, bleibt insbesondere Indien ein Zukunftsfaktor für die weltweite Entwicklung.

Der bereits zitierte Chaos-Gürtel von Pakistan und Afghanistan bis Nordafrika stellt gewissermaßen das Gefechtsfeld des Kampfes der Kulturen dar. Ein Gefechtsfeld, an das insbesondere die islamische Welt unmittelbar angrenzt und im Süden davon das chaotische Schwarzafrika.

Dies sind die „Global Player" der neuen geopolitischen Entwicklung. Von ihrer Entwicklung, von ihrer Politik wird es abhängen, ob sie die Parteien eines „Kriegs der Kontinente" sein werden oder eben kontinental agierende Partner einer friedlichen gemeinsamen Entwicklung des Planeten Erde und der Menschheit.

Die bisherige Dominanz der US-amerikanischen Supermacht, die Übermacht ihres militärisch-technologischen Potentials, könnte sich durch eine chaotische Politik Washingtons, durch eine ökonomisch-zivilisatorische Rezession und durch eine multiethnische Explosion im Inneren, verursacht durch Latinos und Afroamerikanern, in wenigen

Jahren drastisch reduzieren. Ähnlich verhält es sich mit den Wohlstandsgesellschaften EU-Europas, die durch Massen-migration und den damit verbundenen Zusammenbruch der gewachsenen Sozialsysteme sowie durch einen perma-nenten Kulturkampf, der insbesondere durch die Islami-sierung hervorgerufen wird, wohl dramatisch geschwächt werden. Die sogenannten westliche Industriestaaten, EU-Europäer also und Angloamerikaner, könnten in sol-chen geopolitischen Ordnungssystemen möglicherweise nur mehr eine zweitrangige Rolle spielen.

Das aufstrebenden Russland hingegen, mit der gewal-tigen Weite seines Territoriums und dessen Bodenschätzen und das aufstrebende China mit seiner arbeitsamen und lenkbaren Milliarden-Population werden wohl zwangsläu-fig zu dominanten „Playern" in diesem Spiel werden. Das zerrissene Lateinamerika, die chaotischen Gesellschaften Schwarzafrikas und die islamische Welt werden wohl Spieler minderer Qualität darstellen. Bei der islamischen Welt liegt das vielleicht tatsächlich daran, dass der Islam als politische Religion zwangsläufig ebenso untaugliche Politik- und Ge-sellschaftsmodelle erzeugt, wie dies seinerzeit der real exi-stierende Sozialismus, also der Kommunismus, getan hat. Während der Islam die von ihm dominierten Gesellschaften in die Sackgasse des Fundamentalismus und des Fanatismus zu treiben scheint, sind die ehemals christlich geprägten Gesellschaften wohl in erster Linie durch ihre Abkehr von Gott und Glauben offenbar unrettbar auf dem Weg in die Dekadenz. Solcheart bildet das postchristliche Europa das Gegenbild zum sich fanatisierenden Islamischen Welt. Der angloamerikanische Kulturkreis hingegen hat längst den Weg in ein sektoid geprägtes Christentum gewählt, ein Weg, der auch keineswegs tauglich zu sein scheint, die große Tra-dition der christlich-abendländischen Geisteswelt zu retten.

Das Kampffeld diese Kriegs der Kontinente wird also wohl einerseits der Chaos-Gürtel zwischen Pakistan und Nordafrika, zwischen Pakistan und Libyen, zwischen Zentralasien und Nordafrika sein, andererseits aber durch das Feld der globalen Massenmigration. Der „Clash of Civilisations", der Kampf der Kulturen also, und der Krieg der Kontinente werden durch diese Massenmigration zu so etwas wie einem latenten globalen Bürgerkrieg. Dieser findet ebenso in den Slums der Dritten Welt wie in den Banlieus der europäischen Städte, in den Zuwandererghettos und Parallelkulturen statt.

Ob die Political Correctness als Zivilreligion des dekadenten Westens angesichts solch apokalyptischer Realitäten Bestand haben kann, darf bezweifelt werden. Und ob die Demokratie westlicher Prägung als Potemkinsche Dörfer erhalten bleibt oder neuen autoritären Staats- und Gesellschaftsformen weichen muss, ist ebenso ungewiss. Der Faschismus des späten 21. Jahrhunderts wird sich kaum mit Fasces und Swastika schmücken. Vielleicht stattdessen mit der Berufung auf Koran oder Genderismus. Was weiß man…

Die Epoche des globalen Chaos, an dessen Schwelle wir stehen, wird jedenfalls nicht das Ende der Geschichte darstellen, sondern viel mehr ein neues, möglicherweise furchterregendes Kapitel derselben.

4. KAPITEL

Europas Ethnopluralismus

Gedanken zu Sprachgemeinschaften, Völkern und Volksgruppen

1. Dezember 2017

Angeblich sind es an die siebzig Sprachen, die quer durch Europa, von der Algarve bis zum Ural, vom Nordkap bis Sizilien, gesprochen werden. Sprachen, die das primäre Definitionsmerkmal für Völkerfamilien, einzelne Völker und Volksgruppen darstellen. Sprachen, die weitgehend den großen Sprachfamilien der romanischen, der germanischen und der slawischen zuzuordnen sind, die aber auch vor-indoeuropäische Sprachen umfassen wie etwa das Baskische oder das Albanische. Sprachen, die von Zuwanderungsethnien aus Zentralasien gesprochen werden wie die Finno-Ugrischen, also das Finnische, das Estnische und das Ungarische betreffen, und Sprachen, die durch vielerlei

Differenzierung von örtlich begrenzten Dialekten zu klein-
räumigen Hochsprachen angewachsen sind. Sie alle definieren die Vielfalt der historisch gewachsenen Völker und
Volksgruppen Europas.

Dazu kommen nunmehr die Sprachen der zeitgenös-
sischen Zuwanderungspopulationen, jene der Gastarbeiter
aus Anatolien und die der Kriegs- oder Elendsflüchtlingen
aus dem Nahen und Mittleren Osten, aus Afrika und den
meisten anderen Teilen der Dritten Welt. Im Gegensatz zu
den historisch gewachsenen Sprachen und Sprachgruppen
Europas, die zum großen Teil auch mit einem klar eingrenz-
baren Territorium verbunden sind, verfügen die Sprachen
der Zuwanderungspopulationen zwar ein solches nicht, beschränken sich allenfalls auf gewisse Parallelgesellschaften
oder Zuwandererghettos, wie es sie in den französischen
Banlieues und anderen Vororten europäischer Großstädte
bereits seit langem gibt.

Neben der historischen Vielfalt an Sprachen, Völker
und Volksgruppen in Europa gibt es also durch die Zuwanderungsethnien ein noch umfangreicheres Völkerge-
menge, von dem man nicht weiß, ob es im „Melting Pot"
der postindustriellen Gesellschaft zu einer Vermengung
und Nivellierung kommen wird oder zu einer weiteren
Ausdifferenzierung der Völkervielfalt und der Vielfalt an
Volksgruppen und ethnischen Minderheiten.

Insbesondere die kleineren Völker und Volksgruppen,
die kleineren Sprachgemeinschaften in Europa, verfügen
in vielen Fällen über keinerlei nationale Souveränität oder
auch nur über territoriale Autonomie. In den zentralistischen europäischen Ländern wie Frankreich, Spanien oder
Italien, in denen die national-kulturelle Mehrheitsbevölkerung etatistisch denkt, haben ethnische Minderheiten und
Volksgruppen kaum Rechte, ja bisweilen wird ihre Existenz

gar vollends geleugnet. Basken, Galicier und Katalanen in Spanien etwa leiden unter diesem zentralistischen Staatsbild. Ebenso die Bretonen, die Elsässer und die Korsen in Frankreich und natürlich auch die Südtiroler in Italien (wiewohl diese eine höher entwickelte Autonomie für sich beanspruchen können). In föderativ organisierten Staaten wie in etwa in Deutschland und Österreich hingegen gibt es ein entwickeltes System von Minderheitenrechten, das die Existenz autochthoner Volksgruppen schützt. Insgesamt aber ist auch das moderne, sich integrierende Europa nach wie vor in sogenannten Nationalstaaten organisiert, die kulturelle und ethnische Vielfalt entweder kaum zulassen oder ausblenden. Ein europäisches Minderheiten- oder Volksgruppenrecht ist nach wie vor inexistent. Volksgruppenpolitik ist immer noch Angelegenheit der Mitgliedstaaten der Europäischen Union. Einen europaweit verbindlichen Rahmen für den Schutz ethnischer Minderheiten gibt es allenfalls durch den Europarat, dessen politisches Gewicht allerdings gering ist.

Noch problematischer ist die Situation der Zuwanderungsethnien. Nachdem sie über kein klar definierbares Territorium verfügen und zumeist auch durch die Vorläufigkeit ihrer Existenz innerhalb Europas – entweder als Asylsuchende oder Gastarbeiter – beeinträchtigt waren, existieren sie weitgehend verstreut und unorganisiert oder eben in Parallelgesellschaften mit Ghetto-Charakter. Demgemäß ist in Bezug auf sie auch eher eine Begrifflichkeit wie etwa die einer „türkischen Community" oder eben die einer anderssprachigen „Gemeinschaft" anzuwenden als die Begrifflichkeit von Volksgruppe und Minderheit. Demgemäß fehlen diesen Zuwanderungspopulationen auch Volksgruppenrechte wie muttersprachliches Bildungswesen, topographische Bezeichnungen und dergleichen mehr.

Dennoch stellt sich auch im Hinblick auf die Zuwanderungsethnien die Frage, wann man von „autochthonen Minderheiten" sprechen muss. Muss man tatsächlich fünfzig Generationen im Land sein, wie etwa die Alpenslawen in Kärnten, um autochthon zu sein, oder ist man es nach drei Generationen wie viele türkische Gastarbeiter in Deutschland und Österreich? Die Tatsache der Staatsbürgerschaft und der Besitz eines Reisepasses verbürgen im soziokulturellen Sinne leider keineswegs die Mitgliedschaft bei einer autochthonen Volksgruppe. Demgemäß etwa sind zugewanderte Anatolier, die bereits in der dritten Generation in Österreich und Deutschland leben, oder die Nachkommen absolut integrierter portugiesischer oder italienischer Gastarbeiter der 60er-Jahre nicht in Besitz von Volksgruppenrechten. Ihre Gemeinschaften sind etwa in Österreich auch nicht Mitglieder des Volksgruppenbeirats, der beim Wiener Bundeskanzleramt existiert. Wenn sie Staatsbürger sind, was in den allermeisten Fällen Tatsache ist, haben sie natürlich alle staatsbürgerlichen Rechte, und wenn nicht, dann die der jeweiligen Wohnbevölkerung mit fremdem Pass, keineswegs aber Rechte und Förderung, wie es einer ethnischen Minderheit zukommt.

Nun könnte es natürlich sein, dass dergleichen ohnedies völlig unnötig wäre, wenn sich diese Zuwanderungsminderheiten in die Gesellschaft ihrer Gastländer nicht nur integrieren, sondern auch tatsächlich sprachlich und kulturell in das Volkstum der Mehrheitsbevölkerung assimilieren. Bei den in Wien lebenden Tschechen beispielsweise, die ja noch aus der Donaumonarchie in die österreichische Hauptstadt gekommen sind, oder bei den vom Balkan kommenden Kroaten, Slowenen und Serben wurde eine derartige Assimilation weitestgehend bereits vollzogen. Bei den türkischen Anatoliern allerdings, deren Integrationswillen allein durch ihre islamische Identität erschwert wird, findet eine solche Assimilation nicht statt. Wenn man nun nicht von einer „Ausschaffung" (der bei den Eidgenossen übliche Begriff) ausgeht und realistischerweise akzeptiert, dass eine Repatriierung der großen Minderheit der Zuwanderungspopulation unmöglich sein dürfte, wird man nicht umhinkommen, ihnen über kurz oder lang den Status einer Volksgruppe, also einer ethnischen Minderheit, zuzuerkennen. Und das natürlich auch ohne ein klar umrissenes Territorium, auf dem sie leben.

Eine Rolle spielt dabei natürlich auch noch die Bindung dieser Menschen an ihr Herkunftsland. Wenn sie etwa mit Doppelstaatsbürgerschaften, wie häufig im Falle der Türken, an ihr Mutterland gebunden bleiben, ist eine Integration einer Volksgruppe, die dann auch den Charakter des Autochthonen beansprucht, schwer denkbar. Aber auch wenn es schwere politisch-historische Belastungen im Zusammenhang mit einer solchen Zuwanderungsgruppe gibt, wie etwa im Falle der Russen in den drei baltischen Ländern, ist die Zuerkennung von Volksgruppenrechten schwierig. Wiewohl die seit den 50er-Jahren von der Sowjetunion in die damaligen baltischen Provinzen beorderte Bevölkerung heute in den drei Ostseestaaten etwa vierzig Prozent der Bevölkerung ausmacht, leisten Esten, Letten und Litauer zähen Widerstand gegen eine Anerkennung dieser russischen Bevölkerung, die gewiss schon seit drei oder vier Generationen im Lande lebt, als autochthone Volksgruppe. Verständlich vielleicht, aber auf Dauer wohl nicht haltbar, und eine Rückführung nach Russland wird es in dieser Masse wohl auch nicht geben.

Um diese vielschichtige und je nach europäischem Staat mit höchst unterschiedlicher Intensität existierende Problematik einer befriedigenden Lösung zuzuführen,

wird es zweifellos so etwas wie ein Bekenntnis zu einem
europäischen Ethnopluralismus brauchen. Und natürlich
ein verbindliches, aber auch tolerantes europäisches Volks-
gruppen- und Minderheitenrecht. Den großen Staatsvöl-
kern der EU-Mitgliedstaaten, den Spaniern, den Franzosen, den Briten, den Deutschen und den Italienern wird
man die Angst nehmen müssen, dass eine Zuerkennung
von Volksgruppen- und Minderheitenrechten die Ge-
schlossenheit des eigenen Staatswesen, des jeweiligen „Na-
tionalstaats", beeinträchtigen könnte. Sie werden ethnische
Minderheiten, insbesondere die historisch gewachsenen
autochthonen, aber auch jene aus den Zuwanderungspopulationen, die sich nach mehreren Generationen die Au-
tochthonie verdient haben, als Bereicherung erkennen können und sie müssen ein allzu enges etatistisches Denken
zugunsten des Denkens in ethnisch-kultureller Vielfalt und
in zahllosen überlappenden sich überschneidenden regio-
nalen Autonomien entwickeln. Der Brüsseler Zentralismus
der real existierenden Europäischen Union wird mutmaßlich als Gegengewicht weniger die Rückverlagerung von
Kompetenzen auf die Nationalstaaten, also auf die Mitgliedstaaten, benötigen, sondern vielmehr einen solchen
Regionalismus und ein solches Bekenntnis zur Vielfalt der
Völker und Volksgruppen und der Sprachen und Dialekte.
Gerade in Zeiten der Europäisierung und der darüberhi-
nausgehenden Globalisierung braucht der Mensch Verwurzelung in der heimatlichen Kultur und Sprache. Ethnisch-kulturelle Vielfalt und Heimatbindung ist es, was den
Menschen in dieser globalisierten Welt Verwurzelung und
Sicherheit bieten kann.

GESELLSCHAFT
IM WANDEL

5. KAPITEL

Wo bleibt das Bürgertum?

Von Bourgeois, Citoyen, Bobos und Spießern

27. Jänner 2017

Die Wahlanalysen der vorjährigen Bundespräsident-schaftswahlen zeigen es deutlich, in den großen Städten wird zeitgeistig, politisch-korrekt und links gewählt. Am flachen Land und in den Tälern, in den Kleinstädten und in den Dörfern, da wählt man hingegen patriotisch, rechts und protestierend gegen das Establishment. Dementsprechend war der freiheitliche Kandidat der Favorit der ländlichen Bevölkerung in Österreich, und der grüne Systemkandidat jener der städtischen Bevölkerung. Überdies meinte man diagnostizieren zu können, dass die rechten Proteststimmen eher von den sogenannten „Modernisierungverlierern" kämen und die politisch-korrekten linksorientierten Stimmen hingegen eher von den Bildungsschichten. Die sogenannten bürgerlichen Wähler, jene Bevölkerungsschicht, die einst eher konservativ, christlich-sozial oder nationalliberal eingestellt war, ist also für die städtische Bevölkerung nicht mehr dominant. Stattdessen sind es die sogenannten „Bobos" (für bohémien und bourgeois) und das neue linke Spießertum, politisch-korrekt bis zum Kotzen und zumindest halbgebildet, das hier in den großstädtischen Bereichen und in den Speckgürteln rundherum dominiert.

Die Revolution von 1848, auf die sich das national-freiheitliche Lager zurückführt, wurde auch noch als „Bürgerliche Revolution" bezeichnet, und die nationalliberalen Parteien bis herauf in die frühe Zweite Republik galten demnach auch als bürgerliche Parteien. Zumeist waren es Honoratiorenparteien, geprägt von Freiberuflern, Akademikern, Bauern und Unternehmern. Heute ist es weitgehend der „kleine Mann", sind es Menschen aus den vormaligen Arbeiterschichten, einstige SPÖ-Wähler, die das Elektorat der als „rechtspopulistisch" gescholtenen Partei bilden, auch in Österreich. Oder speziell in Österreich, wo Soziologen im Zusammenhang mit den Freiheitlichen von einer „Arbeiterpartei neuen Typs" sprechen. Die steirische Landeshauptstadt Graz, zweitgrößte Stadt der Republik, „Pensionopolis" in der Monarchie, „Stadt der Volkserhebung" in der NS-Zeit, galt bis herauf in die 70er und 80er-Jahre des vorigen Jahrhunderts als klassisch bürgerliche Stadt, in der neben den Christlich-Konservativen auch die Nationalfreiheitlichen besonders stark verankert waren. In der Monarchie waren es großdeutsche Bürgermeister und Kommunalpolitiker, die die Stadt prägten. Und keineswegs zufällig stellte die FPÖ mit Alexander Götz noch gegen Ende des 20. Jahrhunderts einen prägewirksamen Bürgermeister. Sein gegenwärtiger Nachfolger als FPÖ-Chef und führender freiheitlicher Kommunalpolitiker, Mario Eustacchio, ist durchaus auch eine Persönlichkeit vom Format eines Alexander Götz. Seine Wählerschaft allerdings ist längst nicht mehr in jenem Maße bürgerlich, wie es die von Götz war. Nein, sie setzt sich eben aus den zuvor geschilderten Bereichen des „kleinen Mannes", der ehemaligen Arbeiterschaft, zusammen, weitgehend zumindest.

Ganz abgesehen von spezifisch Grazer Phänomenen wie der grotesk starken Kommunistischen Partei und der überaus geschickten Positionierung des ÖVP-Bürgermeisters, der durchaus auch mit freiheitlichen Themen zu spielen weiß, stellt sich für die FPÖ die Frage, wo das herkömmliche nationalliberale Bildungsbürgertum geblieben ist. Gibt es dieses überhaupt noch? Oder sind es nur noch einige versprengte, die als Ärzte, Anwälte und Unternehmer, organisiert zumeist in den akademischen Kooperationen, den Rest dieser einstigen Kernschicht der FPÖ bilden? Wenn man das Abschneiden der freiheitlichen Gruppierungen bei den Wahlen zur Österreichischen Hochschülerschaft in den letzten zwanzig Jahren betrachtet, muss man diese Frage leider bejahen und auch die akademischen Kooperationen, im Volksmund „schlagende Verbindungen" genannt, die in Graz zwar nach wie vor durchaus vital existent sind und auch den Nukleus der freiheitlichen Gesinnungsgemeinschaft bilden, sind in der Relation zur Anzahl der Gesamtstudentenschaft eine verschwindende Minderheit geworden.

Wenn also das, was in der Soziologie einst als „Bürgertum" bezeichnet wurde, im Grunde in ideologischer Hinsicht verschwunden ist, so muss doch gefragt werden, warum die Bildungsschichten, Wähler mit akademischem Abschluss, Wähler mit Matura, in so hohem Maße konformistisch eingestellt sind und dem spätlinken politisch-korrekten Zeitgeist scheinbar relativ widerstandslos erliegen. Liegt es schlicht und einfach darin begründet, dass diese Wähler eben weitgehend selbst zu jenem sozioökonomischen und politischen Establishment gehören, das sich als strukturkonservative Machterhalter gegen jede politische Veränderung zu Wehr setzt? Oder liegt es daran, dass diese Bevölkerungsschicht am ehesten als halb bis dreiviertel gebildet zu bezeichnet ist und solcherart dem Einfluss der zeitgeistigen linksliberalen Medien wesentlich stärker ausgeliefert ist als die sogenannten „bildungsfernen Schichten"?

Fest steht jedenfalls, dass die Freiheitlichen und andere patriotische und rechtsdemokratische Parteien in Europa in diesen Schichten am wenigsten punkten können. Das, was an bürgerlichen Werten einst vorhanden war, wie Patriotismus, Heimatliebe, Leistungsbereitschaft, Fleiß und Bildungswille, gilt in diesen Kreisen als nicht mehr zeitgemäß. Stattdessen ist die hedonistische Selbstverwirklichung in einer Freizeit- und Spaßgesellschaft zum eigentlichen Lebensinhalt geworden. Erst wenn der Zusammenbruch der etablierten Sozialsysteme und des ökonomischen Gefüges auch diese Kreise erreicht, erst dann werden sie wieder ansprechbar für politische Bewegungen, die diese vermeintlich antiquierten Werte vertreten.

Nun leben wir in einer Zeit, in der bekanntlich, insbesondere in Europa, der Mittelstand nach und nach ausblutet, seine gesellschaftliche Position wird ihm entzogen, seine wirtschaftliche Basis schwindet, er ist das Opfer der großen politisch-gesellschaftlichen Veränderungen unserer Tage. Das heißt logischerweise, aber nicht mehr und nicht weniger, als dass das abstiegsgefährdete Bürgertum ein künftiges Wählerpotential für systemkritische Parteien mit hohem Protestpotential darstellt. Österreichs Freiheitliche

– auch jene in der steirischen Landeshauptstadt Graz, in der nun gewählt wird – werden also die aufkommenden Abstiegsängste dieser vormalig bürgerlichen Wählerschichten ansprechen müssen, um diese im eigenen politischen Sinne zu aktivieren. Zusätzlich allerdings werden sie so etwas wie ein bildungsbürgerliches Aktionsprogramm entwickeln müssen, um nicht nur von Ängsten zu profitieren, sondern um auch positive Ziele und Inhalte zu vermitteln. In Zeiten, in denen Bildungsverlust und Verblödung zu Pandemien zu werden drohen, sollte es nicht schwierig sein, basierend auf traditionellen Inhalten neue zukunftsorientierte Bildungsideale zu entwickeln, um für Wählerschichten mit entsprechenden Bildungsanspruch attraktiv zu werden. Die Mühen, die damit verbunden sind, werden auch Österreichs Freiheitlichen nicht erspart bleiben.

5. KAPITEL

Abschied von der Libertinage

Niederländer und Skandinavier verabschieden sich zunehmend von ihrer einstigen Freizügigkeit

3. März 2017

In diesen Tagen finden in den Niederlanden Parlamentswahlen statt, und die PVV Partei für die Freiheit des Geert Wilders scheint in den Umfragen zufolge vor einem Wahlsieg zu stehen. In Norwegen regiert seit Jahr und Tag die dem Vernehmen nach „rechtspopulistische" Freiheitspartei. In Dänemark ist die Regierung von der angeblich ebenso „rechtspopulistischen" Dänischen Volkspartei abhängig. In Schweden werden die vor Jahren noch als „rechtsradikal" eingestuften „Schwedendemokraten" immer stärker und in Finnland sind die „Wahren Finnen" des Timo Soini bereits mit in der Regierung. Das einst so linksliberale, sich dem Fortschritt der Freizügigkeit und der schrankenlosen

Humanitätsduselei hingebende nördliche Europa scheint massiv nach rechts zu rücken.

Woran das liegt? Zum einen wohl daran, dass sowohl die Niederlande als auch die vier nordeuropäischen Länder einen massiven Bevölkerungsanteil mit Migrationshintergrund aufweisen und die entsprechenden Probleme einer multiethnischen Konfrontations- und Konfliktgesellschaft haben. In Holland ist es das Erbe der Kolonialzeit. In Skandinavien eine über Jahrzehnte geübte schrankenlose Zuwanderungspolitik. Davon ist Finnland zwar am wenigsten betroffen und wohl auch in geringerem Maße Norwegen. Aber selbst die einst so liberalen Schweden müssen nunmehr Probleme mit der Zuwanderungspopulation eingestehen. Und nach dem exzessiven Höhepunkt der Flüchtlingsbewegung im Jahr 2015 musste nun die rot-grüne Regierung in Stockholm zu rigorosen Maßnahmen zwecks Eindämmung des Flüchtlingsstroms greifen. In Dänemark ist unter dem seit Jahren existenten Einfluss der Dänischen Volkspartei ohnedies längst eine restriktive Zuwanderungspolitik zum Prinzip erhoben worden.

Und die Niederlande? Sie waren einst ein Hort der Libertinage: Freie Liebe, Drogenfreigabe, Schwulenehe und alle Auswüchse linker Gesellschaftspolitik, die wir seit dem Jahr 1968 kennen, dominierten das öffentliche Leben in Holland. Und dann kam Pim Fortuyn. Der war zwar als bekennender Schwuler durchaus auch ein Produkt der zur Dekadenz neigenden niederländischen Gesellschaft, aber er predigte die Abwehr des militanten Islams – und wurde dann auch dessen Opfer. In seiner Nachfolge ist nun Geert Wilders politisch erfolgreich. Ein Mann, der vom Phänotypus her durchaus auch als blondgefärbter Erbe der ostasiatischen Kolonialzeit der Niederländer gelten kann, der aber mit seiner militanten antiislamischen Rhetorik immer mehr niederländische Wähler anspricht. Erst kürzlich verglich er den Islam mit dem Nationalsozialismus und forderte erneut das Verbot des Koran, der schlimmer sei,als Hitlers „Mein Kampf". Ob er nun in diesen Tagen zum großen Wahlgewinner werden wird, wird sich zeigen.

Ähnlich verhält es sich mit den skandinavischen Staaten. Alles, was progressive Freizügigkeit, linke Fortschrittspolitik und geradezu dogmatische Humanitätspolitik darstellte, schien von den 60er, 70er und 80er Jahren aus dem Norden zu kommen. Der schwedische Sozialdemokrat Olof Palme war das Abbild eines fortschrittlichen Linkspolitikers. Eine offene liberale Gesellschaft nach skandinavischem Muster war etwa in der Kreisky-Ära auch für Österreich das große Vorbild. „Her mit den kleinen Schwedinnen", hieß es im Zuge des naiven Sexismus der 70er Jahre. Her mit dem schwedischen Modell, hieß es in der Politik.

Sexuelle Libertinage, demonstrative Toleranz gegenüber allen Randgruppen, Minderheitenschutz, Bejahung der Zuwanderung, offener Strafvollzug, exzessive staatliche Transferleistungen und schrankenlose Umverteilung waren die Prinzipien dieses skandinavischen Modells. Alles das gehört der Vergangenheit an. Von all dem hat man sich in Schweden, Dänemark und auch in den Niederlanden im Wesentlichen verabschiedet. Im ökonomischen Bereich ist man längst zu einer rigorosen Sparpolitik übergegangen. Die Zuwanderung wurde massiv eingeschränkt, und die sexuelle Libertinage ist einer neuen Prüderie gewichen, die nicht einer konservativen Werte-Umkehr geschuldet ist, sondern eher der Heuchelei der political correctness. Diese steht bekanntlich auch im Zeichen des Kampfes gegen den sogenannten Sexismus. Die skandinavischen Sozialpolitiker sind also längst zu eisernen Sparmeistern geworden und die „Kleinen Schwedinnen" zu sittenstrengen Verfechterinnen eines feministisch orientierten Neo-Puritanismus.

Dennoch sind die skandinavischen Länder und auch die Niederlande nach wie vor erfolgreiche Demokratien mit funktionierendem Rechtsstaat und hoher Lebensqualität. Eine Gemeinsamkeit haben diese Länder allerdings auch aufzuweisen: nämlich eine gewisse Skepsis gegenüber der Europäischen Union und gegenüber dem Brüsseler Zentralismus. So hat sich Norwegen bekanntlich der europäischen Integration überhaupt verweigert, ist allerdings mittel entsprechender Verträge in das europäische Wirtschaftsgeschehen gut eingebunden. Die anderen Skandinavier verweigern sich immerhin dem Euro und werden diesem aufgrund der anhaltenden Krise der Gemeinschaftswährung auch nicht so bald beitreten. Und was die Niederlande betrifft, so scheint Wilders im Falle seines Wahlsieges ja den britischen Weg einschlagen zu wollen. Ob allerdings die Holländer wegen ihrer überaus engen wirtschaftlichen Verflechtungen mit dem großen deutschen Nachbarn einen solchen Sonderweg wirklich wollen und auch durchstehen können, darf bezweifelt werden. Das gleiche gilt für Dänemark, das nach Ansicht verschiedener politischer Beobachter am ehesten auch als Austrittskandidat nach dem Muster des Brexit gilt.

Von der euphorischen Europagesinnung, die die Skandinavier und auch die Niederländer in vergangenen Jahrzehnten prägte, ist jedenfalls genauso wenig geblieben wie von der gesellschaftlichen Liberalität und von der sexuellen Libertinage. Bleibt zu hoffen, dass es nur so etwas wie ein skandinavischer Sonderweg ist, der aber innerhalb des Gesamtrahmens der europäischen Integration stattfindet. Insgesamt sind nämlich die skandinavischen Staaten und auch die Niederländer ein Faktor der ökonomischen und gesellschaftlichen Stabilität innerhalb der Europäischen Union, dessen Fehlen wohl einen Teilzusammenbruch der Europäischen Union bedeuten würde. Außerdem sind diese Nationen so etwas wie ein Gegengewicht gegenüber dem „bezuschussungsbedürftigen" Südgürtel der Europäischen Union und sie sind auch Nettozahler innerhalb des integrierten Europas. Aus all diesen Gründen darf man sich ein Ausscheiden der skandinavischen Staaten und der Niederlande aus der EU keinesfalls wünschen.

Ob sich also Geert Wilders als niederländischer Donald Trump gerieren wird, ob der Schwedendemokrat Jimmie Åkesson ein schwedischer Nigel Farage werden wird, wir wissen es nicht. Was man allerdings klar feststellen kann, ist die Tatsache, dass der gesellschaftliche Wandel, die ökonomischen Veränderungen und auch die sozialpolitische Umkehr, die in den betreffenden Ländern stattgefunden hat und noch stattfindet, wieder so etwas wie Modellcharakter für das übrige Europa haben. Der Abschied von den linken Utopien der 68er-Generation findet dort im Norden – ebenso wie im übrigen Europa – fraglos auf Raten und schrittweise statt. Keine Frage!

5. KAPITEL

Die Verblödung als Pandemie

Ein Miserere über den Niedergang unseres Bildungssystems

10. März 2017

Wie lautete der alte bildungsbürgerliche deutsche Sinnspruch so schön: „Arbeit adelt – Bildung macht frei". Die Befreiung des Menschen aus den Fesseln von Feudalismus und den Schranken der alten Klassengesellschaft und der Unmündigkeit durch Umbildung, durch Lernen, Bilden und Erkenntnisstreben – das war das Programm der bürgerlichen Bildungsgesellschaft, die sich seit dem aufgeklärten Absolutismus in den deutschsprachigen Landen Mitteleuropas herausbildete. Seit der Einführung der Schulpflicht unter Maria Theresia und den josephinischen Reformen bis hin zur Humboldtschen Universitätsreform, der in Österreich die Thun-Hohensteinsche Reform entsprach, entwickelte sich ein System der Volksbildung mittels allgemein verpflichteter Grundschulen, welches den Menschen, und zwar allen unabhängig von Stand, Herkunft und finanziellen Verhältnissen, die grundlegenden Techniken des Schreibens, Lesens und Rechnens vermittelte. Darauf aufbauend gab es jene Bildung, die die höheren Schulen vermittelten. Und nach dem Besuch einer Bürgerschule oder gar eines Gymnasiums und der Absolvierung eines Abiturs, einer Reifeprüfung, einer Matura, verfügte man im deutschsprachigen Raum über eine solide Allgemeinbildung, wobei das wirkliche Bildungsideal ein humanistisches war, dem allerdings eine technisch höhere Bildung, wie sie auf den Ingenieurs-Schulen vermittelt wurde, nicht nachstand.

Neben dem Bildungsbürgertum war es aber auch die Arbeiterbewegung, die dafür sorgte, dass dieses Bildungsideal im Zuge der Industrialisierung auch in den proletarischen Schichten Eingang fand. Das Motto „Bildung macht frei" sollte insbesondere in der Arbeiterklasse eine besondere Wertigkeit erhalten.

Darüber aufbauend gab es dann ein Universitätssystem, in dem Lehre und Forschung sowohl in den Geisteswissenschaften als auch in den Naturwissenschaften Weltgeltung erlangten. Die Anzahl deutschsprachiger Nobelpreisträger ist der beste Beleg dafür. Überdies war die universitas magistrorum et scolarium zwischen der Ostsee und den Alpen, zwischen Maas und Memel ein Hort des freien Denkens, der Aufklärung und des unabhängigen Geisteslebens. Kritisch gegenüber den Mächtigen und vereint gegen jede dogmatische Einengung, daran ändern auch die dunklen Stunden des deutschen Geisteslebens, in denen Bücher verbrannt und Denker vertrieben wurden, im Grunde nichts.

Dieses weltweit wohl einzigartige Bildungssystem überlebte die verschiedensten politischen Systeme, entwickelt in der Monarchie und weitergeführt in der Republik, hat es die Räterepublik etwa in Bayern genauso überlebt wie die NS-Diktatur oder den österreichischen Ständestaat, die Weltwirtschaftskrise und das Wirtschaftswunder bis herauf in das geistige Umfeld des unseligen Jahres 1968. Da gelang es der vielzitierten „Frankfurter Schule", ihr Gedankengut wie einen Virus in das Bildungs- und Schulsystem des deutschsprachigen Raumes zu implementieren. Und dieses Virus hat in den Jahrzehnten seitdem reichen Nährboden gefunden. Den Nährboden des Egalitarismus, der Elitenfeindlichkeit und schließlich der Political Correctness in all ihren grotesken Ausformungen. Pflicht-Antifaschismus, Feminismus, Genderismus, hysterischer Antirassismus und dogmatische Menschenrechtsreligion, all das sind die Krankheitsbilder, die seitdem von diesem Virus mehr oder minder verursacht wurden.

Diese Formitis, die sich seit dem sozialdemokratischen Jahrzehnt der Ära Willy Brandts und Bruno Kreiskys im Schul- und Bildungsbereich ausbreitete, war das Werkzeug des solcherart eingeleiteten Zerstörungsprozesses. Ein Schulversuch hetzte den anderen, bewährte Schultypen und Bildungswege wurden unter dem Vorwand der Chancengleichheit zerschlagen und durch untaugliche Alternativen ersetzt, das Niveau des Grundschulwesens wurde ausgedünnt, jenes der Reifeprüfung auf ein beschämendes Maß reduziert, und der Begriff „akademisches Proletariat" wurde auch im deutschsprachigen Raum zur höchst unerfreulichen Realität.

Dazu kamen dann die großen Umbrüche, die zuerst das Fernsehzeitalter und dann jenes der neuen elektronischen Medien mit sich brachten. Waren es zuerst ein bis zwei öffentlich-rechtliche Sendeanstalten, die von den 60er Jahren an in das Familienleben einbrachen – für die Kinder in

Österreich einmal die Woche mit Kasperl und täglich mit Betthupferl – wurden es gegen Ende des zwanzigsten Jahrhunderts bald dutzende Privatsender, die die Medienlandschaft prägten. Hatten die Öffentlich-Rechtlichen noch ein gewisses Minimalerfordernis in Sachen Qualität, so entwickelte sich mit den Privatsendern tatsächlich so etwas wie „Unterschicht-Fernsehen", das nicht zuletzt Kinder und Jugendliche in seinen Bann zog und bis heute zieht. Heftig wurde über die Auswirkungen des täglich stundenlangen TV-Konsums auf die kindliche Psyche diskutiert, und dennoch wurde der Fernseher mehr und mehr zum Kindermädchen für überlastete berufstätige Mütter.

Und dann kamen nach den heute einigermaßen harmlos erscheinenden Computerspielen das Internet via Smartphone, Tablet und allseits nutzbarem EDV-Zugang dazu. Die Nutzung von W-LAN „surfen", „chatten" und „bloggen" gehören nunmehr zunehmend zu den primären Kommunikationstechniken von Kindern und Jugendlichen auch im deutschsprachigen Mitteleuropa. Das Absetzen von massenhaften SMS in verballhornter Kurzsprache, das kostenlose Kommunizieren über WhatsApp und vieles mehr prägen nunmehr die zwischenmenschlichen Beziehungen gerade für die jüngsten Generationen.

So ist nunmehr das gesamte Wissen der Menschheit, die Weltgeschichte, alle Gesetze von Physik, Chemie und Biologie abrufbar und das für jeden Volksschüler. Die Fähigkeit, einen geraden Satz orthographisch und grammatikalisch richtig zu bilden, allerdings beginnt auszusterben. Die einfachsten Rechenvorgänge im Kopf gelten als ebenso sinnlose wie exotische Hirnakrobatik, die man mittels Handy in Sekundenschnelle ersetzen kann, und humanistische Bildung ist vollends zum Auslaufmodell geworden. Die Kenntnis von Fremdsprachen gilt zwar als „Must", sie ist aber zumeist nicht mehr verbunden mit dem Eindringen in die Literatur, in die Geistesgeschichte, in die Kulturlandschaft und Mentalität des Landes und des Volkes, woher die Sprache, die man zu erlernen bemüht ist, stammt. Überhaupt sind Kenntnisse in jenen Fachgebieten, die einst zur Allgemeinbildung gehörten, Geschichte, Geographie, Biologie, Physik, Chemie, Kunstgeschichte, Musik zu so etwas wie exotische Orchideen-Fächer geworden, denen sich nunmehr „Nerds" nähern.

Der klassische Bildungskanon, der den deutschsprachigen Bildungsbürger über Generationen auszeichnete, ist vollends als Reaktionär abgehakt und abgeschafft worden. Die Kenntnis der Klassiker beschränkt sich auf jenes Maß, das man allenfalls für eine TV-Millionenshow benötigt. Philosophie wird zur zeitgeistigen Lebenshilfe degradiert und allenfalls durch esoterischen Unsinn ersetzt. Und so wird Unbildung zum allseits achselzuckend akzeptierten Normalzustand einer Gesellschaft, die sich so unglaublich aufgeklärt und modern erachtet wie niemals zuvor in der Menschheitsgeschichte. In solcher Gesellschaft ohne Bildung aber muss die Dummheit, die wahre Geisel des Menschengeschlechtes, das Regiment übernehmen, und die Verblödung wird zur epidemischen Krankheit. Der faustische Mensch aber, der nach Erkenntnis strebt, ist aufgerufen dagegen anzukämpfen. Zynismus und innere Emigration sind zwar Versuchung für ihn, aber keine Lösung, und zum Kampf um Erkenntnis gibt es für ihn keine Alternative.

5. KAPITEL

Vom Bankrott einer Zeitgeist-Bewegung

Ein Abgesang auf die Grünen

5. Mai 2017

Angefangen hat alles mit der Anti-Atom-Bewegung und dem Widerstand gegen die nukleare Nachrüstung der US-Amerikaner. Die einigermaßen erwachsen gewordenen 68er und ihre dem linken Zeitgeist nacheilenden Epigonen sammelten sich mit Beginn der 80er Jahre in einer als neu firmierenden ökologischen Bewegung. Konservative Umweltschützer und die Reste der nationalen Naturschutzbewegung wurden rasch eliminiert, und die vormaligen Maoisten, Trotzkisten und linken Fundamentalisten aller Schattierungen übernahmen die neue Grün-Bewegung, deren Schwerpunkt in Deutschland und in Österreich liegen sollte.

Indessen sind fast vier Jahrzehnte ins Land gezogen, und die ehemalige Protestbewegung gilt längst als etablierte Kraft, die wie keine andere den spätlinken hedonistischen Zeitgeist und die Zivilreligion der Political Correctness vertritt, ja geradezu verkörpert. Der alte Marxismus und die Dogmen der Frankfurter Schule verbergen sich nur mehr notdürftig hinter ökologischen Forderungen. Im Mittelpunkt stehen aber eher die Postulate der Political Correctness, nämlich der Antifaschismus, der Feminismus, der Genderismus und die Zuwanderungs-Apologie. All das wird in dogmatischer, ja geradezu inquisitorischer Art und Weise auf der politischen Bühne vertreten, unterstützt durch eine etablierte Medienlandschaft, die diesem Zeitgeist im kaum minderem Maße entspricht.

Gegenwärtig allerdings ist diese Zeitgeist-Bewegung nicht nur in die Jahre, sondern auch in die Krise gekommen. Graumelierte oder glatzköpfige Alt-68er und pensionierte Religionslehrerinnen, wild gewordene Studienräte in Rente und saturierte Revolutionäre außer Dienst prägen das Bild einer politischen Bewegung, die sich selbst überlebt hat. Und ihr politisches Programm erschöpft sich sowohl in Deutschland als auch in Österreich im „Kampf gegen rechts", in der Verhinderung des Erstarkens der ach so bösen „Rechtspopulisten".

Wie sehr diese Grünen in Österreich etwa zu bloßen strukturkonservativen Machterhaltern geworden sind, hat sich nicht zuletzt im jüngsten Konflikt zwischen der grünen Parteijugend und der Mutterpartei gezeigt. Die aufmüpfigen Nachwuchsfunktionäre nahmen das Postulat von der Basisdemokratie allzu wörtlich und wurden von der Parteivorsitzenden in geradezu stalinistischer Attitüde abgeschmettert und aus der Partei ausgeschlossen. Der Konflikt zwischen Parteiestablishment und Parteijugend findet im Übrigen in der heimischen Sozialdemokratie ihre Entsprechung, scheint also gegenwärtig eine Spezialität der linken Reichshälfte zu sein. Die aus einer Kärntner NS-affinen Familie stammende Parteivorsitzende hat außer dem unbeugsamen Willen zu einer Regierungsbeteiligung und damit zum Mitnaschen an den Trögen der Macht kaum etwas aufzuweisen. Wahlerfolge schon gar nicht! Allerdings kämpft sie mit schmallippiger Optik, um ihre Spitzenposition, die nur noch durch die Beteiligung ihres Gatten an einer TV-Tanzshow abgesichert zu sein scheint. Glaubwürdige Alternativen zu ihrer Person dürfte es allerdings auch nicht geben. Einzig der Alt-Maoist Peter Pilz gefällt sich in der Rolle des Aufdeckers und Korruptionsbekämpfers. Dass das für den Bestand der Grün-Bewegung insgesamt aber nicht reicht, zeigen nicht nur die fallenden Umfragewerte, sondern auch die mäßigen Wahlergebnisse der letzten Jahre.

Wenn nunmehr in einer Art politischer Panik-Blüte zu guter Letzt sogar ein Alt-Grüner in die Hofburg eingezogen ist und das höchste Staatsamt innehat, scheint sich damit keineswegs eine Hochblüte dieser grünen altlinken Bewegung zu zeigen, sondern vielmehr ein letztes Aufbäumen. Der ideologische Hintergrund der Bewegung ist nämlich längst zur Folklore verkommen. Pflichtwortmeldungen in Sachen Ökologie können darüber nicht hinwegtäuschen, dass Umweltpolitik längst ein Anliegen aller Parteien geworden ist. Ebenso wie der vielzitierte „Kampf gegen rechts" und die Anliegen der Frauenrechtsbewegung. Der spätlinke Zeitgeist ist längst Teil der geistigen Basis – wenn man davon überhaupt sprechen kann – des gesamten etablierten Politbetriebs geworden. Daher bedarf es einer eigenen PC-Partei gar nicht mehr. In Österreich hat sich dies im vorjährigen Van-der-Bellen-Bündnis gezeigt, wo man nur noch im Schulterschluss des gesamten politischen Establishments gegen den Kandidaten einer patriotischen Freiheitspartei zu reüssieren vermochte. Ähnliches zeigt sich gegenwärtig in Frankreich bei den Präsidentschaftswahlen. Ähnlich könnte es bei künftigen Parlamentswahlen auch in Österreich werden. Der pragmatische Trost für die Vertreter des politischen Establishments und insbesondere für die Spitzen der Grün-Bewegung ist jener, dass man gemeinsam noch immer zumindest 51 Prozent gegen die bösen Rechten aufbringen dürfte und damit eine Schlüsselübergabe für das Palais am Ballhausplatz verhindert wird können. Ein müder Trost angesichts des eigenen ideologischen Bankrotts.

Auch die Dominanz des Feminismus in den grünen Reihen ist dabei zu scheitern. Eva Glawischnig vermittelt längst keine politische Erfolgsstory mehr, Frau Vassilakou in Wien ebenso wenig, und die hochgelobten Damen in den Bundesländern, etwa in Salzburg Frau Berthold oder in Tirol Frau Baur, sie alle können als Beispiele dafür gelten, dass Frauen in der Politik keineswegs friedvoller, pragmatischer und konstruktiver sind als Männer. Sie sind insgesamt genauso anfällig für Intrigen, Korruption und Fehlplanungen wie ihre männlichen Artgenossen. Die Mär, dass eine von Frauen regierte Welt friedvoller wäre, wird allein durch die parteiinternen Querelen bei den österreichischen Grünen ad absurdum geführt.

Und was den vorläufigen Höhepunkt der grünen Parteigeschichte in Österreich betrifft – die Wahl Alexander van der Bellens zum Bundespräsident –, so zeigen gerade seine jüngsten Aussprüche, dass der alte Herr in der Hofburg ein durchaus fragwürdiges Amtsverständnis sein Eigen nennt. Als Bundespräsident müsste er wohl ein Verteidiger der österreichischen Leitkultur sein, statt den autochthonen

Österreicherinnen das Tragen islamischer Kleidungsstücke zu empfehlen. Und als Repräsentant der Republik hat er nicht die spätrevolutionäre Attitüde des Grün-Politikers mit der Verweigerung von Etikette und Kleiderordnung zu leben, sondern die Würde des höchsten Staatsamtes. Aber dem Professor, der „arschknapp" in die Hofburg gelangte, scheint das „sch... egal" zu sein. Ein wenig geschickter verhält sich da schon Van der Bellens Gesinnungsgenosse Kretschmann, der Ministerpräsident von Baden-Württemberg, ebenfalls ein in die Jahre gekommener Ultralinker, der nunmehr den Landesvater spielt. Insgesamt aber sind die Zustände bei den deutschen Grünen ähnlich wie bei ihren österreichischen Freunden. Auch sie befinden sich bei den Umfragen im Sinkflug, auch ihnen wird bei den kommenden Parlamentswahlen kaum ein besonderer Erfolg zugetraut.

Die grüne Bewegung als spätlinke Zeitgeist-Bewegung wird also spätestens dann völlig obsolet sein, wenn jener Zeitgeist, den sie repräsentiert, obsolet ist. Nicht nur die kritischen Stimmen von konservativer oder rechter Seite beweisen nun, dass die Political Correctness ein verlogenes, ideologisches Auslaufmodell ist, nein, auch die reale Entwicklung in Europa und der Welt zeigt dies. Die Probleme der globalen Massenmigration, das längst zur Dauerkrise gewordene Versagen des neoliberalen, globalisierten Wirtschaftssystems und die Rückkehr der Geopolitik erfordern politische Konzeptionen, die mit politisch-korrekten Denkmodellen längst nicht zu beantworten sind. Der Überlebenskampf, in dem sich insbesondere die europäischen Kulturvölker befinden, ist ein Faktum, das von den spätlinken Zeitgeistlern vollends ignoriert wird. Antworten und Lösungen versuchen hier einzig die bösen „Rechtspopulisten" zu finden. Kulturelle Globalisierung, Massenzuwanderung, Überalterung und Kinderlosigkeit sind die tödlichen Feinde dieser europäischen Völker.

Sie werden von den grünen Zeitgeistlern nicht nur nicht bekämpft, sondern sogar gefördert. Und das ist die Todsünde der Grünen, die ihr historisches Versagen begründet.

5. KAPITEL

Parteienstaat im Umbruch

Eine Analyse über den Wandel des Parteienstaats

12. Mai 2017

Während der Nachkriegsjahrzehnte gab es in den westlichen Demokratien, insbesondere in jenen der westlichen Hälfte Europas, das bislang als klassisch geltende Parteiengefüge. Da waren einerseits Christlich-Konservative, andererseits Sozialdemokraten, und zusätzlich gab es noch Liberale. In den 80er-Jahren kam dann die Grünbewegung dazu und gegen Ende des 20. Jahrhunderts stiegen nationalkonservative Bewegungen auf. Erst die Massenzuwanderung in den ersten beiden Jahrzehnten des 21. Jahrhunderts und die Krise der Europäischen Union zeitigten eine neue Frontstellung. Heute geht es darum, dass alle etablierten Parteien gemeinsam gegen angebliche „rechtspopulistische" Herausforderer antreten und gemeinsame Sache machen, um deren Durchbruch zu verhindern. Die damit Hand in Hand gehende Erosion des klassischen Parteiensystems und der Niedergang der herkömmlichen politischen Parteien ist natürlich die Voraussetzung für diesen Prozess. Möglich ist dieser aber nur deshalb, da diejenigen Ideologien, die die herkömmlichen Parteien bislang vertreten haben, in sich zusammengebrochen sind.

Der Marxismus als konstituierende ideologische Basis des Sozialismus und damit auch der Sozialdemokratie ist bereits mit dem Zusammenbruch des „real existierenden Sozialismus" und der Sowjetunion obsolet geworden. Die christliche Soziallehre und die Weltanschauung der Christlich-Konservativen sind ebenso hinfällig, weil das Christentum quer durch Europa mit wenigen Ausnahmen wie den Kroaten und den Polen keine wirkliche politische Rolle mehr spielt. Der Begriff des „christlichen Abendlandes" hat sich überlebt, und Parteien mit dem „hohen C" im Namen haben sich längst sozialdemokratisiert.

Der klassische Liberalismus schließlich ist im Zeitalter des gläsernen Menschen und der Totalüberwachung in gesellschaftspolitischer Hinsicht überholt, in wirtschaftspolitischer ist er durch den Triumph der Globalisierung hinfällig geworden. Was für die etablierten politischen Gruppierungen also bleibt, ist einerseits der bloße Machterhalt, und andererseits die Ideologie der Political Correctness, welche dogmatisch den spätlinken Zeitgeist als Grundlage für das gesamtgesellschaftliche Gefüge einzementiert.

In Frontstellung dazu haben sich sogenannte „rechtspopulistische" Bewegungen entwickelt, die sich selbst als Patrioten und Freiheitsparteien verstehen. Sie werden quer durch Europa gemeinhin im rechten Spektrum des politischen Gefüges verortet, weisen jedoch in den Fragen der

Sozial- und Wirtschaftspolitik allzu oft linke, ja geradezu sozialistische Positionen auf. Was die Gesellschaftspolitik allerdings betrifft, die Wertschätzung der eigenen nationalen Identität, der Familie als Keimzelle der Gesellschaft, und des Eigentums- und Leistungsbegriffes, so sind diese Bewegungen weitgehend wertkonservativ.

Wenn ihnen von ihren Gegnern Populismus vorgeworfen wird, so ist dies natürlich lächerlich, da Populismus, also die Rückkoppelung zur Volksmeinung, allen demokratischen Parteien gewissermaßen als Grundlage für ihre Aktivität und auch für ihre Agitation dienen muss. Der Populismus der etablierten Parteien wird hier als legitim dargestellt, jener der oppositionellen Herausforderer hingegen als negativ und demokratiegefährdend. Dies ist selbst für den unbedarften Betrachter als bloße Polemik zwecks Machterhaltung erkennbar.

Je stärker diese „rechtspopulistischen" Herausforderer nunmehr geworden sind – sei es in Österreich, den Niederlanden, Italien, Frankreich oder den skandinavischen Ländern – desto näher rücken die etablierten Parteien enger zusammen. Auf der gemeinsamen Basis der Political Correctness bilden sie in vielen Fällen so etwas wie einen „Cordon sanitaire", um die immer stärker werdenden oppositionellen Herausforderer von der Macht und vom politischen Einfluss fernzuhalten. Dabei spielen dann die ursprünglichen historischen Unterschiede zwischen Sozialdemokraten und Christlich-Konservativen, zwischen Liberalen und Grünen keine Rolle. Im „Kampf gegen rechts" ist man sich einig. Jenes Wahlbündnis, das im vorigen Jahr in Österreich Alexander Van der Bellen, den Kandidat der Grünen, in das höchste Staatsamt brachte, ist dafür genauso ein Beleg dafür, wie die gemeinsame Front, die in den letzten Tagen in Frankreich Marine Le

Pen und den Front National vom Durchmarsch in den Elysee-Palast abhielt.

Die politischen Problemlagen, aufgrund derer die oppositionellen rechtsdemokratischen Bewegungen quer durch Europa so stark wurden, sind einerseits die explodierende Massenzuwanderung und die daraus resultierenden Probleme und andererseits die offenbar nicht zu bewältigende Krise der Europäischen Union. In den vergangenen Jahren hatten die Bürger der europäischen Staaten den Eindruck gewonnen, dass einzig die rechten oppositionellen Parteien gewillt wären, diese Probleme wirklich zu benennen und dafür auch mehr oder minder radikale Lösungen zu finden.

Die etablierten Parteien haben im Sinne ihrer Machterhaltung diesbezüglich natürlich nicht geschlafen, und ihre Strategen glauben indessen, das Rezept gefunden zu haben, die ach so bösen „Rechtspopulisten" zurückstutzen zu können: Rein deklaratorisch und verbal hat man begonnen, Forderungen rechtsdemokratischer Parteien aufzunehmen, um den Bürgen und Wählern den Eindruck zu vermitteln, man würde ohnedies daran gehen, die drängendsten Probleme, insbesondere im Zusammenhang mit der Massenmigration und der Integration der Ausländer, bewältigen zu wollen. Überdies beginnt man, eine neue zeitgeistgemäße, modisch wirkende Politikergeneration zu installieren, die – Präsident Macron und Bundeskanzler Kern lassen grüßen – in der Lage zu sein scheinen, die Probleme zu lösen. Dass man bislang außer schönen Worten und wohlklingenden Ankündigungen nicht viel gehört hat, ist eine andere Sache. Von wirklichen Aktionen und Aktivitäten zur Problemlösung gar nicht zu reden.

Fest steht jedenfalls, dass der Konflikt zwischen den regierenden Parteien nicht mehr besteht. Eine Frontstellung gibt es einzig und allein gegen die bösen „Rechtspopulisten". Die bisweilen aus wahltaktischen Gründen inszenierten Konfrontationen zwischen den gemeinsam regierenden Christlich-Konservativen und den Sozialdemokraten dienen nur dazu, die Fundamentalopposition von rechts aus dem politischen Diskurs auszuschalten. Sie sind bloß Scheindebatten für den Bürger.

Überhaupt ist Inszenierung jenes Schlagwort, unter dem die neue erfolgsversprechende Politik des politischen Establishments läuft. Inszenierung ist für Herrn Macron das Wichtigste gewesen, Inszenierung ist Christian Kern zweifellos das Wichtigste, wohl auch für den niederländischen Premier Rutte. Man wird sehen, wie lange der Bürger dazu benötigt zu erkennen, dass Inszenierung noch längst keine pro-aktive Politik darstellt.

Im Zuge der geschilderten Entwicklung dürften sich allerdings die ideologischen Unterschiede immer mehr verwischen, und es wird so etwas wie eine etablierte Einheitspartei geben, die einzig und allein zwecks Machterhalt und zwecks Verhinderung des „rechtspopulistischen" Machtanspruchs agiert. Ob dieses Machtkartell daneben auch noch in der Lage sein wird, wirkliche Probleme zu lösen, ist eine andere Frage. Wenn nicht, wird wohl auch diese Strategie der politisch korrekten Machterhalter über kurz oder lang von den Wählern durchschaut werden und in sich zusammenbrechen.

5. KAPITEL

Weicheier, Warmduscher, Sitzpinkler

Über die Dekadenz und ihre Dogmen – ein Lamento

26. Mai 2017

Nur noch selten wird in unseren Tagen der sattsam bekannte Nietzsche-Sager „Was uns nicht umbringt, macht uns härter!" zitiert. In Zeiten, in denen in den westlichen Gesellschaften Männer immer metrosexueller, Frauen immer androgyner und Kinder immer verweichlichter werden, in diesen Zeiten gilt Härte als etwas absolut Abzulehnendes, ja geradezu Perverses.

Die Tatsache, dass Schmerz, dass Leid und der Tod zum menschlichem Leben gehören, und dass das Überleben nur mit Mühe und Plage erreicht werden kann, diese Tatsache wird in unseren dekadenten Gesellschaften ausgeblendet. Das seit der Französischen Revolution und der US-amerikanischen Unabhängigkeitserklärung im Verfassungsrang stehende Recht des Menschen auf Glück wird im Zuge dieser Entwicklung insofern pervertiert, als damit die Vermeidung jeglichen Leids verbunden wird. Und absolute Schmerzfreiheit, selbst im Falle tödlicher Krankheiten, ist ja in den westlich-dekadenten Gesellschaften auch schon zu einer Art Bürgerrecht erhoben worden. Arbeitsleid durch schwere körperliche Arbeit oder enorme psychische Anstrengung sollen auch tunlichst vermieden werden.

Der Anspruch, etwa „im Fall des Falles" fürs Vaterland sterben zu müssen, der durch die Wehrpflicht bislang gegeben war, wurde hierzulande auch längst so relativiert, dass es allgemein anerkannt als gleichwertiger Ersatz gilt, fürs Vaterland im Form des Zivildienstes Windeln zu wechseln (wobei Pflegedienst durchaus ehrbar und auch anstrengend ist). Und wenn dann die Soldaten irgendeiner westlichen Demokratie irgendwo auf diesem Planeten in Kriegshandlungen verwickelt werden – selbstverständlich nur zur Friedenssicherung – dann haben sie danach gefälligst an posttraumatischen, psychischen Erkrankungen zu leiden und das Recht auf psychiatrische Behandlung einzufordern. Jene Millionen Soldaten, die in zwei Weltkriegen zu dienen und das Glück hatten, diese zu überleben, litten seltsamerweise nicht an derlei Zuständen. Sie waren vielleicht Invaliden, waren möglicherweise verbittert und litten unter Alpträumen und schrecklichen Erinnerungen, aber damit hatten sie halt fertig zu werden. Heute ist dies Arbeitsbeschaffung für ein Heer von Psychotherapeuten und Psychologen.

Im Falle von Arbeitsleid, von großem Konkurrenzdruck am Arbeitsplatz, von starker Belastung, ist dann die Flucht ins Burnout-Syndrom geradezu Pflicht. Ein Reaktionär, wer dies nicht wahrnimmt. Genauso wie im Falle schwerer körperlicher Arbeit mittels „Hacklerregelung" und Frühpension die Flucht aus solchem Leid ermöglicht wird. Zustände wie früher im bäuerlichen Leben, wo der Alt-Bauer zwar ins Ausgedinge zog, aber bis zu seinem letzten Atemzug unvermindert am Hof mitarbeitete, solche Zustände sind heute geradezu undenkbar.

Und was die Befreiung von jeglichem physischen Schmerz betrifft, so beginnt dies ja bereits bei der Geburt des Menschen: Still und leise hat sich in den vergangen Jahren nämlich die Tendenz herausgebildet, Babys mittels Kaiserschnitt zu gebären und das in zahllosen Fällen, bei denen es medizinisch keineswegs unbedingt notwendig wäre. Die Ärzte verdienen, die Frauen ersparen sich den Geburtsschmerz, und für die neuen Erdenbürger gilt die tragische Gesetzlichkeit, dass der Mensch in Schmerzen geboren wird, eben nicht mehr. Welche psychischen Folgen das Fehlen des „normalen" Geburtsvorganges für Mutter und Kind auf Dauer haben, ist längst nicht erforscht.

Die Vermeidung von Leid oder gar Schmerz ist natürlich auch im weiteren Lebensweg des Kindes eine der obersten Maximen. Körperliche Bestrafung, beginnend vom Klaps auf den Popo über die „gesunde Watschen" bis hin zum „Übers-Knie-Legen" gilt längst als Schwerverbrechen, das im dramatischsten Falle mit dem Entzug der Erziehungsberechtigung enden kann. In dieser Tonart geht es im zeitgemäßen menschlichen Leben weiter, da die hedonistische Lebenseinstellung jegliche Qual, jegliches Leid auszuschließen bemüht ist. Eine Ausnahme sind vielleicht Spitzensportler, die sich durch hartes Training quälen müssen. Aber auch dort gibt es die Tendenz, durch pharmakologische Winkelzüge diese Qual zu verringern beziehungsweise ihr Ergebnis entsprechend zu optimieren.

Dazu kommt, dass unsere Kinder überbehütet und allzu sehr umsorgt werden. Eine übertriebene Hygiene und die Vermeidung jeglicher Berührung mit Schmutz oder dergleichen sollen zwar das Leid durch Krankheiten und Infektionen vermeiden, führen aber nur zu Allergien und geschwächtem Immunsystem. Auch das ist als physiologischer Bestandteil einer dekadenten Gesellschaft zu werten.

Letztlich ist es der Hedonismus, gepaart mit den Auswüchsen der Political Correctness, der eine verweichlichte und absolut dekadente Gesellschaft nach sich zieht. Opferbereitschaft und Heldenmut gelten als lächerlich, Leidensfähigkeit und mühevolle Arbeitsbereitschaft erscheinen unsinnig. Menschliche Tragödien gibt es allenfalls noch in der Oper. Stattdessen ist die Trivialität einer allgemeinen Wohlfühlgesellschaft zur Maxime der Durchschnittsexistenz geworden.

Das böse, proletoide Wort von den „Weicheiern, Warmduschern und Sitzpinklern" zeichnet also ein absolut zutreffendes Bild unserer Lebensweise in der dekadenten Gesellschaft: Jede Härte, jeden Schmerz, jedes Leid, jegliche Konfrontation mit den Härten und dem Unbill des Lebens und dieser Welt vermeidend, im geradezu obsessiven Bedürfnis nach absoluter Hygiene und politisch korrekt, leben wir im Glashaus der Dekadenz.

Wenn dann aus anderen Teilen der Welt Hunderttausende, wenn nicht gar Millionen junge Männer, getrieben vom Krieg, Bürgerkrieg, Naturkatastrophen oder auch nur wirtschaftlichem Elend nach Europa kommen und in diese dekadente Gesellschaft eindringen, dann finden sie eine Art der Wehrlosigkeit und der Schwäche vor, die für sie geradezu herausfordernd sein muss. Menschen, die durch Gewaltbereitschaft, Krieg und Terror geprägt sind, dazu noch aufgestachelt von einer militanten Religion, wie sie der Islam nun einmal darstellt, finden hier Gastländer vor, deren Gesellschaft kinderlos, überaltert und eben dekadent ist. Durch die Dogmen der Political Correctness werden diese westlichen Gastgesellschaften noch dazu in einer Art und Weise konditioniert, dass man mittels Willkommenskultur diese Menschen auch noch freudig aufnimmt. Diese Willkommenskultur und die Bereitschaft, sich gegenüber den Zuwanderern zu integrieren statt umgekehrt, führt zu einer weiteren Schwächung der westlichen Zivilisationen. Während die Zuwanderer bereit sind, ihren Existenzkampf ohne Rücksicht auf die Political Correctness, auf geltende Gesetze, auf Moral und Ethik auszufechten, um sich einen Platz an der Sonne zu erkämpfen, während diese Zuwanderer zwar durchaus auch mit Gewalt bereit sind, sich das zu nehmen, von dem sie annehmen, dass es ihnen zusteht, treffen sie in den Gastländern auf Menschen, die es verlernt haben, sich zu wehren, die es verlernt haben, ihre Sicherheit notfalls auch mit Gewalt zu verteidigen.

Weicheier, Warmduscher und Sitzpinkler sind nicht in der Lage, junge Männer, die aus Kriegs- und Bürgerkriegsländern kommen, die von Islam militant indoktriniert werden, abzuwehren bzw. Übergriffe derselben zu verhindern. Wenn wir in Zukunft in den dekadenten westlichen Gesellschaften bürgerkriegsähnliche Zustände bekommen, so wohl kaum zwischen Zuwanderern und autochthoner Bevölkerung, eher schon zwischen den unterschiedlichen Zuwanderergruppen und den unterschiedlichen Parallelkulturen. Hier wird es eher Kurden gegen Türken heißen oder Sunniten gegen Schiiten und keineswegs Zuwanderer gegen Ansässige. Dies deshalb, da die autochthone Bevölkerung eben schon viel zu schwach und dekadent ist, um sich zu erwehren. Schöne neue Welt!

5. KAPITEL

Gutmenschen-Vereinsmeierei

Die NGOs als organisierte Political Correctness

2. Juni 2017

In den letzten Jahren sind sie in aller Munde, die NGOs, jene „Nicht-Regierungsorganisationen", die als der Kern und das Rückgrat der sogenannten Zivilgesellschaft betrachtet werden. Und zumeist sind sie voll im Sinne der Political Correctness und des spätlinken Zeitgeist tätig, als Organisationen, getragen von Gutmenschen und linken Aktivisten aller Schattierungen, von Grün bis tief Rot.

Die Vereinsfreiheit war gemeinsam mit der Versammlungsfreiheit, mit der Pressefreiheit und der Meinungsfreiheit bekanntlich eines jener Bürgerrechte, die im ausgehenden 19. Jahrhundert im deutschen Mitteleuropa in der Folge der bürgerlichen Revolution von 1848, insbesondere von nationalliberalen Gruppierungen erkämpft wurde. Frucht dieser neuen Vereinsfreiheit waren in Deutschland und Österreich zuallererst die studentischen Kooperation, Corps und Burschenschaften, aber auch die Turnerschaften und Sängerschaften, und neben dem akademischen Bereich im bürgerlichen Umfeld zahlreiche andere Vereine. Sie bildeten den Kern einer liberal-konservativen Zivilgesellschaft, die bald zum zentralen Träger von Brauchtum, Volkskultur und überlieferten Sitten wurden. Noch heute gibt es auf der einen Seite im studentisch-akademischen Bereich die bereits zitierten Kooperationen und im bürgerlich-ländlichen Bereich die zahlreichen kulturellen Traditionsvereine, Trachtengruppen, Musikvereine und ähnliches mehr.

Wenn heute aber von Zivilgesellschaft die Rede ist, werden nicht jene Gruppen und Vereine gemeint, sondern vielmehr eben besagte NGOs. Diese pflegen nun keineswegs Brauchtum und tradierte Sitten und Gebräuche, sie sind vielmehr so etwas wie die karitativ getarnten Kampforganisationen der spätlinken Zeitgeist-Jünger geworden. Insbesondere im sogenannten „Kampf gegen Rechts", bei dem sich die zahlreichen antifaschistischen Gruppierungen federführend hervortun, und bei der Organisation der Massenzuwanderung, welche sich als Flüchtlingsbetreuung getarnt, werden sie von der Öffentlichkeit wahrgenommen. Dabei geht es bei diesen Gruppierungen der sogenannten Zivilgesellschaft keineswegs darum, dass hier Gruppen mit besonders vielen Mitgliedern gebildet werden, finanziert werden sie vielmehr allzu häufig vom Steuerzahler und der öffentlichen Hand. Es geht diesen NGOs, dieser Zivilgesellschaft neuen Typs, vielmehr darum, politische Wirksamkeit zu entfalten. Sie agieren zumeist als linke politisch-korrekte „Pressure-Groups", die auf die staatlichen Institutionen und die politischen Parteien Druck ausüben.

Dabei werden auch etablierte und durchaus verdienstvolle Organisationen unterwandert beziehungsweise missbraucht. Das Rote Kreuz etwa, das als zwar private Organisation, aber mit halb offiziellen Aufgaben höchste Verdienste hat, wird in der Migrationskatastrophe von gewissen Kräften durchaus in eine überaus bedenkliche Richtung getrieben. Ähnlich verhält es sich bei der katholischen Caritas, die als an sich kirchliche Organisation längst zum Tummelplatz ultralinker Gutmenschen verkommen ist.

Völlig klar und in diesem Sinne auch durchaus transparent ist die Rolle, die die antifaschistischen Vereine und Vereinigungen spielen. Der indessen mutmaßlich aufgelöste „Republikanische Klub", der sich in der seinerzeitigen Anti-Waldheim-Hatz hervorgetan hat, oder die Denunzianten-Truppe um „SOS-Mitmensch", ihre Zielsetzungen sind kaum verschleiert. Bedenklicher ist es da schon, wenn derlei antifaschistische Privatvereine sich eine halbamtliche Legitimation anmaßen. So etwa das „Dokumentationsarchiv des Österreichischen Widerstandes", das seinerzeit von Leuten aus dem Umfeld des Kommunismus gegründet wurde und neben antifaschistischer Geschichtsaufarbeitung längst zur Kampftruppe gegen rechtsdemokratische und patriotischer Gruppierungen und Parteien geworden ist.

Neben dem Beruf des Rechtsextremismus-Experten, der sich in diesem Umfeld, wie etwa in der Person des Univ.-Prof. DDr. MMag. Andreas Peham herausgebildet hat, manifestiert sich neuerdings eine neuen Profession, nämlich die des Migrations- oder Integrationsexperten. Auch dabei zeigt sich, dass besagte linke NGOs durchaus auch zu einem Geschäftsmodell geworden sind, in welchen einzelne Exponenten durchaus lukrative und medial höchst hofierte Verdienstmöglichkeiten gefunden haben. Finanziert ist dies alles in großen Teilen von der öffentlichen Hand beziehungsweise von der Spendenfreudigkeit aus dem Kreise der Gutmenschen und der linken Szene. Verglichen mit den öffentlichen Zuwendungen dürften diese Spenden allerdings marginal sein.

Der große und so bedeutende Bereich der Freiwilligenarbeit, die es speziell in Österreich und in Deutschland gibt, die Feuerwehren, die diversen Zivilschutzverbände, der Alpenverein, die Wasserrettung und vieles mehr, Vereinigungen, wo Menschen tatsächlich ehrenamtlich für die Allgemeinheit gewaltige Leistungen erbringen, wird im Grunde durch diese zeitgeistige spätlinke Form der Zivilgesellschaft, durch besagte NGOs also, verhöhnt. Häufig verbirgt sich nämlich unter dem humanitären Mäntelchen der Menschenliebe und der Xenophilie eine klare ideologisch motivierte Zielsetzung im Sinne des Kulturmarxismus der Frankfurter Schule. Das Gegenteil also der wertkonservativen Ideale und Ziele, wie sie in der Freiwilligenarbeit und in den traditionellen Kultur- und Brauchtumsvereinen gepflogen wird.

Diese Formationen der spätlinken politisch-korrekten Zivilgesellschaft werden von den politisch-korrekten Mainstream-Medien und der etablierten Journaille abgestützt. Die Aktivisten im „Kampf gegen Rechts" und die Prediger der Willkommenskultur verfügen somit über entsprechende mediale Unterstützung, was ihnen wiederum das Akquirieren von Zuwendungen seitens der öffentlichen Hand und der etablierten Politik ermöglicht und erleichtert. Politische Parteien wie die Grünen, in Deutschland die Linke und die Sozialdemokratie, beziehungsweise deren linker Flügel, gehören zu den Unterstützern dieser NGOs,

wobei es in weiten Bereichen auch personelle Überschnei-
dungen und Verschränkungen gibt. Und natürlich gibt es
auch sattsam Berührungspunkte dieser NGOs mit dem
gewaltbereiten extremistischen Narrensaum etwa in Form
des Schwarzen Blockes und der Anarchos-Szene. Deutlich
wurden dies in den vergangenen Jahren immer wieder bei
den Anti-WKR-Ball-Demonstrationen.

So hat sich aus der linken Vereinsmeierei, die sich zur
politisch-korrekten Zivilgesellschaft emporstilisiert, ein
wichtiger Pfeiler eines spätlinken Machtkartells entwickelt.
Einerseits sind es die linken politischen Parteien, andererseits die politisch-korrekten Mainstream-Medien und im
vorpolitischen Raum eben besagte NGOs, die hier zusam-
menwirken. Gesellschaftsveränderung im Sinne der Frankfurter Schule und Auflösung der Völker, der Familie und
aller wertkonservativen Strukturen sind die Ziele dieses
Machtkartelles, gepaart mit Machterhalt beziehungsweise
Machteroberung, Verfügung über alle öffentlichen Mittel
und das Monopol auf Meinungsmache, und all das in einer
multiethnischen Gesellschaft aus entwurzelten und identi-
tätslosen Individuen, die ohne Probleme beherrschbar und
manipulierbar sind.

5. KAPITEL

Sonnenwende-Zeitenwende

Metapolitische Überlegungen

23. Juni 2017

Mit der Sonnenwende hat das Jahr seinen Zenit schon wieder überschritten. Kaum merklich werden die Tage wieder kürzer, und auch wenn noch zwei bis drei Monate Sommer bevorstehen, ist ein weiteres Jahr dann rasch vergangen. Heute wird die Sonnenwende zum rein folkloristischen Spektakel degradiert, gut allenfalls für die Tourismuswerbung. Die Erinnerung an alte, mit dieser Sonnenwende verbundenen Mythen und die archaische Kultur unserer Vorväter werden längst weitgehend ausgeblendet.

So aber, wie sich mit der Sonnenwende der Jahreslauf im wahrsten Sinne des Wortes wendet, gibt es auch immer wieder Zeitenwenden, wo eine Epoche, eine Periode der politischen und gesellschaftlichen, der kulturellen und sozialen Entwicklung ihr Ende findet und von neuen Zeiten abgelöst wird. Gegenwärtig haben wir in Europa so das dumpfe Gefühl, dass wir an der Schwelle zu solch neuen Zeiten stehen, dass wir Zeugen einer möglicherweise dramatischen Zeitenwende werden. Jenes Europa, das wir nach dem Ende des Zeiten Weltkrieges ein ganzes Menschenalter gesehen haben, das zwar bis 1989 durch die Supermacht-Konfrontationen zwischen Ostblock und dem vermeintlichen freien Westen geprägt war, und danach durch die europäische Integration, jenes Europa macht einen mannigfaltigen Transformationsprozess durch. Allein schon an den politischen Landschaften der einzelnen europäischen Staaten kann man das erkennen.

Traditionelle politische Parteien zerfallen und werden durch neue, scheinbar spontan entstehende Kräfte abgelöst, so wie zuletzt in Frankreich. Die historisch gewachsene Teilung der politischen Landschaft zwischen Konservativen, Sozialisten und Liberalen hat weitgehend aufgehört zu bestehen. Protestbewegungen und Populisten von Links und von Rechts beherrschen die Szene, Persönlichkeiten mit messianischem Anspruch betreten die politische Bühne, ohne dass man weiß, wohin ihr Weg uns führen wird, und insgesamt scheinen die europäischen Völker im politisch-gesellschaftlichen Notwehrmodus zu sein. Die Massenzuwanderung, die Traumatisierung durch den verlogenen Kult der Political Correctness, die Überalterung und Kinderlosigkeit sowie die allgemeine Dekadenz haben diese europäischen Völker in die totale Defensive gedrängt. Ob jene Gruppierungen, Bewegung und Parteien, die sich dem entgegenstellen, tatsächlich die Rettung bringen, bleibt abzuwarten. Sicher ist jedenfalls, dass die linken Protestgruppierungen mit ihren längst ausgedienten postmarxistischen Konzepten chancenlos sind. Von Spaßparteien wie Beppe Grillos Bewegung in Italien und ähnlichen ist ohnedies nichts zu erwarten. Und ob die Rechtsdemokraten, jene patriotischen Freiheitsparteien, die es auch quer durch Europa gibt, tatsächlich Erfolg haben können, Erfolg nicht nur in dem Sinn, dass sie an die Regierung kommen, sondern, dass sie die Probleme lösen, ist auch alles andere als gesichert.

Tatsache ist nur, dass die bisherigen demokratischen Systeme durch ihr Versagen, durch die Reduktion auf rein äußerliche Rituale, durch die Politikverdrossenheit der Bürger oder schlicht und einfach durch politisch systematisches Multiorganversagen vor dem allgemeinen Kollaps zu stehen scheinen. Was aber diese bisherigen traditionellen demokratischen Systeme ersetzen kann, zeichnet sich längst nicht ab. Auch wenn es da und dort den Ruf nach dem starken Mann gibt, leben wir in einem Zeitalter, in dem es an charismatischen Persönlichkeiten mangelt. Und medial allzu rasch hochgepuschte Medienstars stürzen dafür umso schneller ab. Eine nachhaltige charismatische Politik mit der dauerhaften Fokussierung auf eine dominante Einzelpersönlichkeit ist damit auch nahezu unmöglich.

Auch in ökonomischer Hinsicht scheint das Konzept eines dauerhaften Wachstums an seine Grenzen zu stoßen. Ständig steigender Konsum als Motor für dieses Wachstum und als Schmiermittel für eine funktionierende Wirtschaft ist längst zur Illusion geworden, aber mit Einbrüchen in materiellen Wohlstandsgefüge, mit dem Rückgang an Kaufkraft an Industrieproduktion und mit materiellen Wohlstandsverlusten, und damit sind unsere europäischen Gesellschaften ganz offenkundig überfordert. Zwar sind die sogenannten Veränderungsverlierer längst Bestandteil jeder soziologischen Trivialanalyse, Verlustängste der Mittelschicht und Abstiegsängste sind nach wie vor jene Phänomene, die so etwas wie eine gesamtgesellschaftliche Depression erzeugen. Optimismus ist es wirklich nicht, was unser heutiges Gesellschaftsgefüge charakterisiert.

Dazu kommt der Import aller Probleme der Dritten Welt in das postmoderne Europa. Die Massenzuwanderung, insbesondere von muslimischen Menschengruppen und von solchen aus Schwarzafrika, wird die meisten westeuropäischen Länder mittelfristig auf das Niveau der sogenannten Schwellenländer aus der Dritten Welt drücken. Während es allerdings in jenen bergauf geht, geht es in Europa bergab. Was sich auch in der bereits zitierten breitflächigen Depression manifestiert.

„Wo die Gefahr groß ist, wächst auch das Rettende" weiß der Klassiker, allein das Rettende zeichnet sich weder im politischen noch im kulturellen Bereich der europäischen Völker bislang so wirklich ab.

Die Grenzen des Wachstums scheinen aber auch in Bezug auf die globale Bevölkerungsentwicklung sichtbar zu werden, Mega-Metropolen mit vielen Millionen Einwohnern, Ameisenstaaten wie China und Indien mit Milliardenbevölkerungen, explodierende Bevölkerungszahlen in Schwarzafrika, all das lässt uns erahnen, dass die Menschheit längst den Plafonds dessen erreicht hat, was der Planet zu tragen vermag. Allein wenn Chinesen und Inder in jenem Maße konsumieren und materiellen Wohlstand sowie Massenmobilität, etwa die Benützung von Personenkraftwagen, in Anspruch nehmen wie dies die Bürger der westlichen Industriestaaten tun, ist der ökologische Kollaps unvermeidbar. Und wenn die gegenwärtige Erdbevölkerung von gut sieben Milliarden Menschen auf neun, zehn, elf oder zwölf Milliarden weiter wächst, könnte sich Mutter

Erde rasch in einen gigantischen Ameisenhaufen vor dem Absterben verwandeln.

Und somit scheinen wir tatsächlich vor einer globalen Zeitenwende zu stehen, nicht nur vor einer europäischen. Klimakatastrophen und andere globale Naturphänomene wie Erdbeben, Vulkanausbrüche, Veränderungen von Meeresströmungen und ähnliches betreffen ohnedies die Menschheit insgesamt. Die dadurch und durch verfehlte Politik ausgelösten massenhaften Wanderungs- und Fluchtbewegungen sind ebenso ein globales Phänomen und die planetenumspannende Kommunikation über die elektronischen Medien haben aus der Erde insgesamt ein Dorf gemacht. Ein Dorf, das sich allerdings durch Chaos, Unübersichtlichkeit, unglaubliche Manipulationsmöglichkeiten und durch Orientierungslosigkeit auszeichnet.

Auch der kulturelle Wandel, der durch diese veränderten Kommunikationsebenen und die elektronischen Möglichkeiten gegeben ist, verweist uns auf eine welthistorisch-gewaltige Zeitenwende. Selbst in Elendsstaaten und Hungerländern verfügen die Menschen über Smartphones und haben Internetzugang, und die jüngeren Generationen in den westlichen Industriestaaten leben zum Teil schon eher in einer virtuellen Welt als in der realen. Für diese Menschen ist das Mobiltelefon nötiger als die Luft zum Atmen und das tägliche Brot.

Der Wandel in der Kommunikation und die schrankenlose Bewegung in den damit verbunden virtuellen Welten bedingen ein absolut neues Lebensgefühl und ein neues Weltbild der Menschen. Ob die Menschheit insgesamt deshalb gewissermaßen transzendiert wie es in spekulativen Science-Fiction-Romanen vorkommt, ist wohl kaum zu erwarten. Der Mensch bleibt vielmehr an seine Physis gebundenes Säugetier von fragiler Körperlichkeit und früher oder später auch sterblich und er bleibt ein soziales Wesen, das sich in Gruppen, seien es nun Familien oder die diversen kuriosen Partnerschaften, die sich gegenwärtig formieren, in Stämmen und Völkern oder auch in den diversen Sonderkulturen organisiert. Das wird auch in Zukunft bei einer Erdbevölkerung von neun oder mehr Milliarden Menschen so bleiben. Fraglich ist nur, wie groß und wie dramatisch die Brüche in der bisherigen historisch kontinuierlichen Entwicklung seien werden, die hin zum neuen Zustand der Menschheit führen.

Unabänderlich aber, wie die Sonnenwende im Jahreslauf des Planeten, ist im Zuge der kulturellen Evolution des Menschen und der Menschheitsgeschichte die Tatsache, dass es immer wieder Zeitenwenden gegeben hat, jene von der jungsteinzeitlichen Menschheit hin zu den antiken Kulturen, jene Zeitenwende von der Antike hin zum Mittelalter und schließlich die hin zur Neuzeit. Dass es eine solche Zeitenwende in unseren Tagen gibt, steht außer Zweifel, wir können nur noch nicht wirklich sagen, wie sie aussehen wird.

5. KAPITEL

Was wäre wenn

Über spekulative Geschichtsbilder

25. August 2017

Die Klage „Was wäre, wenn…" ist in der Historiographie und in der Geschichtsbetrachtung an sich unzulässig. Dennoch wird sie immer wieder gestellt, wenn es darum geht, so etwas wie spekulative Geschichtsbilder zu skizzieren. Nun gibt es in der Menschheitsgeschichte zahllose Ereignisse, die gewissermaßen als historische Weggabelungen fungierten. Wenn etwa Arminius die Schlacht im Teutoburger Wald verloren hätte, wäre Germanien damals römisch geworden und in Deutschland würde man wohl ähnlich wie in Frankreich eine romanische Sprache sprechen und sich zum romanischen Kulturkreis zählen müssen. Oder wenn Karl Martell im achten Jahrhundert die Schlacht bei Tours und Poitiers verloren hätte, wäre das Frankenreich wohl mohammedanisch geworden, und der Islam würde den Westen Europas beherrschen. Ähnlich wäre es wohl, wenn im Jahre 1683 das türkische Heer des Kara Mustafa Wien genommen und die Schlacht am Kahlenberg für sich entscheiden hätte können, dann wären das heutige Österreich und weite Teile Deutschlands wohl türkisch geworden. Dies sind nur einige historische Weggabelungen, deren anderer Ausgang völlig andere historische Entwicklung nach sich gezogen hätte.

Wenn man nun die Geschichte des 20. Jahrhunderts, also jener Epoche heranzieht, die uns heute lebenden Zeitgenossen betrifft, so gibt es natürlich auch eine Reihe von eben solchen historischen Ereignissen. Grundlegend für die weitere Entwicklung ist zweifellos der Ausgang des Ersten Weltkriegs, und da ist es insbesondere das nunmehr gerade 100 Jahre zurückliegende Jahr 1917, dessen Ereignisse entscheidend waren. Natürlich könnte man sagen, dass bereits im Jahre 1914 bei einem Funktionieren des Schlieffen-Planes ein für die Mittelmächte Deutschland und Österreich siegreicher Ausgang des Krieges möglich gewesen wäre. Die kaiserliche-deutsche Armee stand immerhin damals an der Marne vor Paris, dessen Vororte bereits beschossen wurden. Allerdings sollte es anders kommen, und der als kurzer Feldzug gedachte Krieg wurde zum globalen Völkerringen.

Im Jahre 1917 allerdings sah es so aus, als würden die Mittelmächte dieses Ringen für sich entscheiden können. Der Zusammenbruch der zaristischen Armee im Osten und der deutsch-österreichische Sieg bei der letzten Isonzoschlacht bedeuteten nicht mehr und nicht weniger, als dass Deutschland und Österreich an der Südfront und an der Ostfront gesiegt hatten. Und im Westen waren die fran-

zösischen und britischen Kräfte ausgelaugt und entmutigt.
Nicht zu Unrecht konnte sich die Oberste Heeresleitung
um Hindenburg und Ludendorff der Illusion hingeben,
dass ein Sieg-Frieden für die Deutschen in greifbare Nähe
gerückt sei. Und was wäre im Falle eines solchen deutschen
Sieges alles anders gelaufen! Die großen mitteleuropäischen
Monarchien des Habsburger Reichs und das wilhelminische
Deutschland würden nach wie vor bestehen. Die Mittelmächte hätten vielleicht im Sinne Friedrich Naumanns so
etwas wie ein mitteleuropäisches Bündnis und damit einen
europäischen Hegemonialmachtfaktor gebildet. Die Pariser
Vororte-Frieden wären niemals zustande gekommen. Der
Zweite Weltkrieg und die nationalsozialistische Diktatur
wären uns vielleicht erspart geblieben.

All das ist natürlich nicht mehr als historische Spekulation, Spekulation aber, die bereits vor einem Jahrhundert bei den Zeitgenossen für große Erregung sorgten.
Als nämlich die Mittelmächte ein Jahr später, im Herbst
1918, kapitulieren mussten, kam es bald zu dem, was in
der Folge als Dolchstoßlegende bezeichnet werden sollte.
Das deutsche Heer sei im Felde unbesiegt, konspirative
Kräfte von Vaterlandsverrätern im Hinterland allerdings
hätten es zur Kapitulation gezwungen. Die Hungerstreiks
innerhalb der darbenden deutschen Zivilbevölkerung, die
Revolten einzelner Truppenteile wie etwa der Kieler Ma-
trosen und viele Äußerungen oppositioneller Politiker aus
dem Kreise der Sozialdemokratie schienen bereits damals
solche Verschwörungstheorien zu stützen. Heute ist sich
die Geschichtsschreibung zwar darüber einig, dass diese
Dolchstoßlegende nur der Versuch der versagenden Obersten Heeresleitung war, die Schuld am negativen Kriegs-
ausgang auf die zivile Politik abzuwälzen, damals allerdings
erschien vielen Patrioten ein solcher mutmaßlicher Verrat

keineswegs als unwahrscheinlich, zumal man ja ein Jahr zuvor noch glauben konnte, militärisch gesiegt zu haben. Und im Süden und Osten des Kontinents war das ja auch tatsächlich der Fall gewesen. Wenn führende Sozialdemokraten wie Philipp Scheidemann oder Matthias Erzberger in der Folge bereit waren, den Versailler Diktatfrieden zu akzeptieren, erschien dies im Nachhinein noch als Bestätigung dieser Dolchstoßlegenden. Diese war jedenfalls später dann für die Nazis so etwas wie ein Vorwand, um gegen Sozialdemokraten und Kommunisten in der Weimarer Republik vorzugehen.

Die Frage, was wäre, wenn, also was wäre geschehen, hätten die Mittelmächte 1917 und 1918 die militärische Auseinandersetzung für sich entscheiden können, ist einerseits müßig, andererseits aber gar nicht so leicht zu beantworten. Hätte man das besiegte Frankreich ebenso unterdrückt und gedemütigt, wie dies umgekehrt in der historischen Realität später mit Deutschland geschehen sollte? Wäre die Habsburger Monarchie doch auseinandergebrochen und zu einer Art südost-mitteleuropäischer Kolonie des Deutschen Reichs geworden? Und wie wäre die Entwicklung in Russland weitergegangen, hätte man die Bolschewiki Lenins gewähren lassen, nachdem man sie ja zuerst mit deutscher Unterstützung an die Macht gebracht hatte, oder hätte man die Oktoberrevolution verhindert und aus Russland ein bürgerliches postzaristisches Regime machen können? Und letztlich – wäre die Konfrontation mit den Vereinigten Staaten von Amerika ausgeblieben, deren Eingreifen in der historischen Realität ja den Krieg für die Entente-Mächte entschieden hatte? Fragen über Fragen.

Interessant ist auch, dass im Zuge solch spekulativer Geschichtsbetrachtungen häufig Verschwörungstheorien wuchern. Verschwörungstheorien wie die genannte Dolchstoßlegende führen in der Folge zu einer Art politischem Realitätsverlust. Ein Realitätsverlust, der gerade in einer gedemütigten und verelendeten Nation, wie Deutschland es damals war, höchst unheilvolle Folgen haben konnte.

Andererseits schaffen derlei spekulative Geschichtsbilder auch Mythen, und diese Mythen zeugen ihrerseits wieder neue Realitäten. Der Mythos etwa von der Unbesiegbarkeit der deutschen Armeen im Ersten Weltkrieg wird kräftig in den Aufbau der deutschen Wehrmacht unter Adolf Hitler eingeflossen sein, und erschien sich ja in den Blitzkriegen zu Beginn des Zweiten Weltkriegs auch zu bestätigen. Spekulative Geschichtsbilder erzeugen also Verschwörungstheorien und diese politischen Realitätsverlust. Spekulative Geschichtsbilder können aber auch Mythen schaffen und diese wiederum neue historisch-politische Realität.

Überhaupt sind Geschichtsbilder in der Lage, einerseits Nationen oder gesellschaftliche Gruppen auseinander zu dividieren. Ihre konsensuale Vereinheitlichung, so etwas wie ein gesamtgesellschaftliches Übereinkommen auf gemeinsame Geschichtsbilder, kann allerdings auch in hohem Maße sozialen Frieden und gemeinsame Identität schaffen. Derlei Geschichtsbilder differieren zumeist nach Nationalität, sie unterscheiden sich aber auch je nach Generation. Ältere Menschen haben andere Geschichtsbilder als junge, und sie klaffen auseinander, wenn es um die Menschen verschiedener Ideologie geht. Natürlich haben Marxisten ein anderes Geschichtsbild als Liberale oder christlich-konservative Menschen. Und schließlich differieren diese Geschichtsbilder auch nach der gesellschaftlichen Klasse, nach der sozialen Herkunft. Bauern haben andere Geschichtsbilder als Aristokraten, Arbeiter, Proletarier andere als bürgerliche Menschen. Bei der historischen Aufarbeitung von gewaltsamen oder anderen schweren Konflikten ist daher so etwas wie eine Harmonisierung der Geschichtsbilder eine der vornehmsten Aufgaben. Der im Zuge dieser Erörterung zitierte Erste Weltkrieg ist nun gewiss in Hinblick auf seine Aufarbeitung in einem Stadium der Historisierung, welches eine solche Harmonisierung der Geschichtsbilder ermöglicht: Einerseits sind die europäischen Nationen 100 Jahre später alles andere als gegnerische Kriegsparteien, sie befinden sich vielmehr in einem gemeinsamen supranationalen Staatswesen. Die Erlebnisgeneration des Völkerringens von 1914 bis 1918 ist auch längst abgetreten. Und die unmittelbaren Auswirkungen dieses Weltkrieges sind ebenfalls längst verklungene Geschichte. So kann man nunmehr die Ereignisse dieses Ersten Weltkriegs leidenschaftslos und nüchtern betrachten. Man kann die gegensätzlichen Geschichtsbilder von Franzosen und Deutschen, von Italienern und Österreichern, von Briten und Russen auf der Basis eines gemeinsamen historischen Erkenntnisstandes zusammenführen. Und man kann auch die ideologischen und klassenspezifischen Unterschiede in diesen Geschichtsbildern überwinden.

Somit stellt sie also nicht mehr die Frage, was wäre gewesen, wenn, sondern vielmehr das Problem, wie gehen nachgeborene Generationen mit den Folgen der Ereignisse von damals gemeinsam um. Tatsache bleibt allerdings, dass Geschichtspolitik und das Bilden von Geschichtsbildern eine der zentralsten metapolitischsten Aufgaben überhaupt darstellt

5. KAPITEL

Vom Ende der Telekratie

Medienpolitische Überlegungen

29. September 2017

Was im gegenwärtigen österreichischen Nationalratswahlkampf in den Medien abläuft, ist einigermaßen grotesk. Während es beim großen bundesdeutschen Nachbarn im Wahlkampf nur eine Elefantenrunde der Spitzenkandidaten gab, und sich insbesondere die Favoritin und nachmalige Wahlsiegerin Angela Merkel auch nur einmal zur Diskussion mit ihren Gegnern stellte, gibt es in der Alpenrepublik geradezu eine Inflation an Fernsehdebatten und Konfrontationen zwischen den Kandidaten der wahlwerbenden Parteien. Da überbietet sich der öffentlich-rechtliche Staatsfunk in einer Reihe von Formaten, wobei das Radio dem Fernsehen in nichts nachsteht. Da gibt es neben Zweier-Konfrontationen größere Runden und sogar Ausflüge in den Bereich des Infotainments, in dem die Kandidaten sich Quizsendungen mit Bürgern zu stellen haben. Dann gibt es mehrere Privatsender, die sich bemühen, den öffentlich-rechtlichen Sender an Originalität der Debattensendungen noch zu überbieten. Und insgesamt sind es wohl an die hundert einzelne Diskussions- und Interviewsendungen mit den Spitzenkandidaten der Parteien, die da in Funk und Fernsehen auf den Bürger einprasseln.

Nun hat es vor dem Wahlkampf geheißen, dieser werde gewiss bei eben diesen Diskussionsrunden im Fernsehen entschieden und nicht mehr bei Wahlversammlungen und Wahlkampftouren quer durchs Land. Allein die Tatsache, dass man mit den Fernsehauftritten wesentlich mehr Menschen und Wähler erreicht, sprach und spricht für diese Annahme. Nicht in diese Planungen und Überlegungen einbezogen hat man allerdings das, was sich nunmehr herausstellt, dass es nämlich eine Übersättigung des Fernseh- und Radiokonsumenten gibt, bei der das Interesse in Aversion und die Hilfe zu einer entsprechenden Wahlentscheidung in Apathie, ja in Ablehnung umschlägt.

Über Wochen und Monate tagtäglich dasselbe von den Wahlwerbern stumpft ab, und die Hoffnung, dass einer der Spitzenpolitiker doch bei einer dieser Sendungen einen entscheidenden Fehler machen könnte oder etwas Skandalöses äußern würde, wird von den Spindoktoren und Beratern der Spitzenkandidaten insofern konterkariert, als man am besten überhaupt nichts mehr von der erprobten Linie Abweichendes mehr äußert. Nur keine Fehler machen, lautet die Devise. Kantige Ansagen, kontroverse Analysen und ehrliche Antworten gibt es da nicht mehr, und die Diskutanten und Wortspender geraten in die Mühle der televisionären Gleichmacherei.

Eine scheinbar auch unüberlegbare Weisheit der Werbe-
experten lautet ja, dass Bilder mehr sagen würden als tau-
send Worte, weshalb in den Zeiten der Telekratie natürlich
auch das telegene Äußere der Kandidaten entscheidend war
und wohl noch ist. In den Zeiten der digitalen hochauflö-
senden Großbildfernsehschirme, in der man im Gesicht des
Diskutanten jede Pore, jedes Barthaar und natürlich jede Fal-
te sieht, in einer Zeit, in der Tränensäcke wie Gebirge und
Schweißtropfen wie Sturzbäche auf den Großbildschirmen
aussehen, in solchen Zeiten kann man sich mangelnde Tele-
genität nicht erlauben. So machen uns zumindest die Werbe-
experten weis.

Auch hier gibt es so etwas wie eine Übersättigung an
den Bildern, eine Überreizung des Zusehers, der vor lauter
gestylten Figuren, vor lauter Maske und Gel in den Haaren
keine Menschen mehr sieht. Der Slim-Fit-Anzug ersetzt da
das Rückgrat und zumeist ist es nur Schminke und kein Cha-
risma, das von den Gesichtern des Polit-Diskutanten herun-
terleuchtet.

Zu dieser Übersättigung kommen die sich in den letzten
Jahren dramatisch ändernden Konsumgewohnheiten im Hinblick auf die elektronischen Medien. Die jüngeren „User",
wie sich die Nutzer neudeutsch zu nennen pflegen, schau-
en kaum mehr fern und folgen den vorgegebenen Programm-
men der Sender zumeist nur im geringen Maße. Stattdessen
„streamen" sie im Internet, nützen Sky und Amazon und
zappen allenfalls nur noch für wenige Sekunden oder Minu-
ten in irgendwelche politischen Diskussionssendungen. Die
Quoten der Politdiskussion, die solcherart zusammenkom-
men, sagen über den wirklichen Konsum der Sendung, über
die wirkliche Beachtung dessen, was dort gesagt und diskutiert wurde, nur mehr wenig aus. Und insgesamt sinken diese
Quoten ja auch dramatisch.

Anstelle der regulären TV- und Radiostationen spielen in den letzten Jahren die sozialen Medien, spielen Facebook und Twitter und die diversen Möglichkeiten zu Postings, eine immer wichtigere Rolle. Diese neue elektronische Medienwelt verdient allerdings die Bezeichnung „Asoziale Medien", da sich die diversen Internetforen allzu oft als Stätten der ungehemmten Ressentiments und Verleumdungen erweisen. Natürlich sind diese sozialen Medien eine kostengünstige und vorläufig noch kaum durch Zensur eingeschränkte Möglichkeit für oppositionelle Gruppierung, ihre politischen Vorstellungen massenwirksam zu verbreiten. Neben dem etablierten Medienbetrieb können sich hier elektronische Parallelgesellschaften bilden, die nahezu schon geschlossene Gemeinschaften darstellen, in denen natürlich Vorurteile und Verschwörungstheorien gepflegt werden können. Allerdings auch die von den Tugendterroristen der Political Correctness unbeeinflussten Standpunkte oppositioneller und nicht etablierter Gruppierungen und Parteien.

So scheint sich das erst vor wenigen Jahren ausgerufene Zeitalter der Telekratie, das unsere westliche Demokratie bestimmen sollte, bereits als Auslaufmodell darzustellen. Zunehmende Wirkungslosigkeit durch Übersättigung des Konsumenten und Wählers und die Unmöglichkeit für authentische Politiker, in dieser politischen Medienwelt zu reüssieren, bedingen dieses Ende der Telekratie. Stattdessen scheint als primärer Einflussfaktor für Wahlbewegungen das Agieren über die sozialen Medien getreten zu sein. Die Gefahren dieser Medien sind evident, die Chancen, die sie insbesondere für nonkonformistische Gruppen bieten, allerdings auch. Die Demokratie als kleinstes aller Übel im Angebot der politischen Systeme wird sich mit all ihrer Unvollkommenheit und Gefährdung und all ihren Gefährdungen nolens volens auch auf diese Entwicklung einstellen müssen.

5. KAPITEL

Keine Zukunft
ohne Herkunft

Gedanken zu Ahnenkult
und nationalen Mythen

Nationen, die ihre Geschichte nicht kennen, seien dazu verdammt, sie erneut zu durchleiden, meinte der amerikanische Philosoph George Santayana. Das, was für Völker und Kulturen stimmt, trifft auch auf das Individuum, auf den Einzelmenschen, zu: Wer Leben und Erfahrung seiner Vorfahren – zumindest der unmittelbaren – nicht kennt, läuft Gefahr, deren Tragödien selbst auch zu erleiden. Aber so ist es eben, wie der Satiriker formuliert: Die Geschichte lehrt ständig. Kaum jemand ist allerdings bereit, aus ihr zu lernen.

Völkerschicksale werden häufig durch historische Erfahrungen und daraus destillierte nationale Mythen bestimmt. Dass etwa Frankreich in seinem Selbstverständnis als „Grande Nation" eine gewisse prestigebehaftete Position im heutigen EU-Europa verlangt, resultiert aus dem nationalen Mythos einer europäischen Hegemonie, wie sie eben der Sonnenkönig Ludwig XIV. anstrebte oder Napoleon tatsächlich für seine Epoche zu erlangen vermochte. Und der verinnerlichte deutsche Mythos, das „Volk der Dichter und Denker" zu sein, bringt es mit sich, bloß als Kulturnation Größe zu zeigen, während man als Machtstaat versagt.

Derlei identitätsstiftende Mythen setzen ein kollektives nationales Geschichtsbewußtsein voraus, welches neben Faktenwissen auch das Bewußtsein verlangt, selbst Teil eines großen historischen Kontinuums zu sein, eines nationalen Schicksals gewissermaßen.

Auch Familienbewußtsein als Basis einer individuellen Identität erfordert das Wissen, das man neben dem genetischen Erbe Kenntnis über das Schicksal, den Lebensweg und den Charakter seiner Vorfahren haben muss. In Kreisen des europäischen Adels, insbesondere im Bereich vom regierenden oder ehemals herrschenden Dynastien ist solches Bewußtsein idealtypisch vorzufinden. Genealogien und Ahnengalerien, Bindungen, Familien und Familiensitze und Stammschlösser ermöglichen hier Kontinuität über viele Generation, und zwar über Jahrhunderte.

Im bäuerlichen Urgrund der europäischen Völker gibt es solches generationenüberdauerndes Bewußtsein naturbedingt – aufgrund geringerer Bildung in historischer Zeit – im wesentlich schwächerem Ausmaß. Hier ersetzt die geradezu ethisch motivierte Verpflichtung, den ererbten Hof in einer Generationenkette jeweils an den Sohn weiterzugeben. Das weiter zurückgreifende Wissen über die eigenen Vorfahren, familiäre Kontinuität und damit soziokulturelle

Prägung sind dennoch – allerdings bei wesentlich geringerem Bewußtseinsstand wie beim Adel – gegeben. Das Bürgertum, insbesondere das Großbürgertum, ist im Hinblick auf Familienmythen und Wissen um die eigenen Altforderen stets so etwas wie ein Nachahmer des Adels. Familiäre Traditionen können hier jedoch zumeist nur über wenige Traditionen real zurückverfolgt werden. In der vorindustriellen Gesellschaft Alteuropas ergibt allerdings die ständische Bindung, insbesondere im Bereich des Bürgertums die Einbindung in Gilden und Zünfte, einen zusätzlichen identitätsstiftenden Faktor.

Erst die Industrialisierung mit der Entstehung eines massenhaft entwurzelten Proletariats bricht jene familiären Kontinuitäten, wie sie etwa in bäuerlichen und ländlichen Gesellschaften zuvor vorhanden waren. Vollends geht generationsübergreifender Familiensinn, gehen familiäre Traditionen und das Wissen um die eigenen Ahnen in der Gesellschaft des entorteten Menschen der Moderne verloren. Der Massenmensch, der in urbaner Anonymität in großen Metropolen lebt, als sogenannter „Single" oder bestenfalls als Teil einer Kleinst- und Restfamilie, reduziert sein familiäres Bewußtsein gerade noch auf die eigenen Eltern und die eigenen Sprösslinge. Alles, was davor und danach kommt, spielt für ihn kaum eine Rolle. Da gibt es dann keine familiären Mythen, keine Prägung durch die eigene Ahnen, keine ethische Bindung als Glied einer Generationenkette. Das solcherart entwurzelte Individuum ist nicht mehr in einen Stand hineingeboren, trägt keine nationalkulturelle Identität, hat keine Bindung an Zünfte, Gilden oder andere berufsständische Gruppierungen, verfügt über keine familiäre Prägung und kann demgemäß eine solche auch nicht weitergeben. Die Identität eines solchen postmodernen Massenmenschen ist allenfalls jene einer Ameise in einem Ameisenstaat. Willfährige Manövriermasse für die Formung eines „neuen Menschen", wer, aus welcher ideologischen Ecke auch immer, derlei unmenschliche Monstrositäten anstrebt.

Der Mensch als soziales Wesen ist zuallererst in seine Familie hineingeboren. Parallel zu seinem individuell genetischen Erbe bedarf er der kulturellen Prägung durch diese Familie, und das heißt nicht nur der Eltern, sondern auch der Generationen davor. Überspitzt könnte man sagen: Wer nicht um seinen Ahnen weiß, kennt seine eigene Identität nicht.

5. KAPITEL

Vom Scheitern des „neuen Menschen"

Der Marxismus-Leninismus als Irrlehre – ein Abgesang

10. November 2017

Vor 100 Jahren fand also die Oktoberrevolution statt, die keine Revolution war, sondern nur ein Putsch, und auch nicht im Oktober, sondern im November stattfand. Die russischen Bolschewiki, die sich da unter der organisatorischen Führung von Trotzki an die Macht putschten, boten Lenin die Möglichkeit den rückständigen Bauernstaat Russland mit seiner vom Krieg zermürbten Bevölkerung in ein totalitäres Sowjetsystem umzubauen und zum Gründervater des real existierenden Sozialismus zu werden. „Marxismus-Leninismus" wurde das ideologische System, auf dem dieser Umbau beruhte, in der Folge genannt. Und ganze 70 Jahre vermochte der Sowjetstaat und die ihm zu

Grunde liegende Ideologie des Marxismus-Leninismus zu bestehen.

Dabei erwies sich der Sowjetstaat vom Anbeginn also bis zu seinem Ende, bis in die Zeit von Glasnost und Perestroika, als Terrorsystem. Ein Terrorsystem, das in seinen Hochzeiten unter der Despotie Stalins viele Millionen Opfer kostete, das sogenannte Klassenfeinde „mit Willkür-Justiz und einem Sklaven- und Arbeitslagersystem Marke Archipel Gulag" verfolgte. Willkür, Menschenverachtung, Terror und Massenmord blieben die Kennzeichnung einer Despotie finsterster Ausprägung.

In ökonomischer Hinsicht gelang es der sowjetischen Marktwirtschaft niemals, in keiner Phase ihrer Existenz den Charakter einer extremen Mangelwirtschaft abzulegen. Zwar machte der Stalinismus aus dieser Not eine Tugend, in dem er den ökonomischen Mangel, der bis zu gewaltigen Hungersnöten ging, als Massentötungsmittel von Klassenfeinden, wie der Kulaken eben, benützte. Insgesamt aber konnte die Planwirtschaft niemals auch nur annähernd eine Leistungsfähigkeit entwickeln, die eine freie Marktwirtschaft aufzuweisen hat.

Und in ideologischer Hinsicht erwies sich der Marxismus-Leninismus als völlig wahnwitzige Heilslehre, die geradezu zwangsläufig scheitern musste. Die klassenlose Gesellschaft und der wirkliche Sozialismus, die der Sowjetkommunismus herbeiführen sollte, erwiesen sich nicht nur als völlig weltfremde Utopie. Das vermeintliche Streben danach zeitigte vielmehr sogar ein widerwärtiges System einer Funktionärs- und Bonzenwirtschaft, deren Privilegien jenen der alten feudalen Aristokratenherrschaft in nichts nachstand.

Gescheitert dabei ist vor allem die Ideologie vom „neuen Menschen". Dieser „neue Mensch", der seit den

Tagen der Jakobiner-Herrschaft in Frankreich Ziel linker Utopien und auch des Marxismus sein sollte, dieser „neue Mensch" erwies sich als lebensfremdes Konstrukt. Eine geradezu unmenschliche Utopie, weil deren Herstellung auch schrankenlos über Hekatomben von Menschenopfern gehen sollte. Dieser „neue Mensch" durfte keine Familienbindung haben, also mussten die Familien zerschlagen werden. Dieser „neue Mensch" durfte keine religiöse Bindung haben, da Religion „Opium für das Volk" sei. Dieser „neue Mensch" durfte auch keine berufsständische Bindung haben, also musste das Bürgertum, der Bauernstand, Handwerk und Gewerbe zerschlagen bzw. nivelliert werden, auf dem Weg dieses „neuen Menschen" in die klassenlose Gesellschaft. Und dieser „neue Mensch" durfte selbstverständlich auch keine nationale Bindung haben, also musste man die Völker und die kulturelle Vielfalt zwangsweise und gewaltsam einebnen.

All das hat der Sowjetkommunismus in der Folge der Oktoberrevolution bis herauf in die Tage Gorbatschows gegen Ende des 20. Jahrhunderts versucht. Und er ist glorios dabei gescheitert. Die menschliche Gier, das Streben nach Besitz und Privateigentum erwies sich bereits in den Sowjetzeiten als nicht auszurottende Konstante der menschlichen Natur. Das Kastensystem der privilegierten Sowjetbonzen bewies dies augenfällig. Familienbindungen völlig zerschlagen zu wollen, gab man auch sehr rasch auf und akzeptierte zumindest die proletarische Kleinfamilie. In welch starkem Ausmaß die russisch-orthodoxe Kirche, die Jahrzehnte der Sowjetdiktatur überlebte, ist auch verwunderlich. Heute spielt sie bekanntlich in Russland eine maßgebliche Rolle. Und was die nationale Identität betrifft, so vermochte bereits Stalin im Zweiten Weltkrieg das Überleben seines Systems nur durch die Ausrufung des Großen

Vaterländischen Kriegs zu gewährleisten. Nach dem Einsturz der sowjetkommunistischen Käseglocke erhoben sich all die Völker des östlichen Mitteleuropas und Osteuropas und darüber hinaus, die Zentralasiens und Nordasiens, bis hin nach Wladiwostok in unglaublicher, bis dahin längst vergessener Vielfalt. Der bindungslose „neue Mensch" in der klassenlosen Gesellschaft blieb Utopie und wurde trotz millionenhafter Menschenopfer nie erreicht.

Dass auch nach dem Zusammenbruch der Sowjetunion und des real existierenden Sozialismus im Ostblock kommunistische Diktaturen wie etwa in China oder auf Kuba weiter existierten, war dann nur noch ein Paradoxon der Geschichte. Der chinesische Staatskapitalismus, der formal noch von einer kommunistischen Partei dominiert wird, ist nichts anderes als die Herrschaft einer Oligarchie im kommunistischen Mäntelchen, die sich der Mechanismen mit geradezu unverschämter Brutalität bedient. Und Kuba unter den greisen Castro-Brüdern stellt nicht mehr als eine karibische Kommunismus-Nostalgie dar, die aber über kurz oder lang von der Bildfläche verschwinden wird.

Heute existiert der real existierende Sozialismus, der so schmählich versagt hat, nur mehr als Kultur-Marxismus in den Reihen der politisch korrekten Pseudo-Eliten der westlichen Industriestaaten, insbesondere der europäischen, fort. Dieser Kultur-Marxismus wird von den alt-achtundsechziger und spätlinken Apologeten der Frankfurter Schule getragen und hat sich bis heute so etwas wie eine Hegemonie in den liberalen westlichen und marktwirtschaftlich orientierten Systemen bewahren können. Das Scheitern des Sowjetkommunismus und der marxistisch-leninistischen Ideologie konnte die Dominanz dieses Kultur-Marxismus bislang nicht brechen. Die Despotie des Zentralkomitees in Moskau wurde beendet, der KGB-Terror wurde gebrochen, der Warschauer Parkt musste sich auflösen. Der real existierende Sozialismus ist nur noch eine düstere Erinnerung. Nunmehr gilt es noch, die kulturelle Hegemonie dieses Kultur-Marxismus zu brechen.

5. KAPITEL

Feindbild Burschenschaft

Eine linke Strategie gegen
die neue Mitte-Rechts
Regierung – eine Analyse

24. November 2017

Die Linke im Lande liegt danieder: Die Grünen aus
dem Parlament geflogen, die Liste Pilz in der Sexis-
mus-Falle, und die SPÖ völlig desorientiert. Die gerade um
ihr Aktionsprogramm ringende neue Mitte-Rechts-Koalition hat gegenwärtig keine besonders gefährliche parlamentarische Opposition zu fürchten. Bekämpft wird sie
dennoch von den Gutheuchlern und Tugendterroristen,
von den Jüngern der Political Correctness und spätlinken
Kulturmarxisten und insbesondere natürlich von der linken
Journaille.

Und in den Spalten der linken Mainstream-Gazetten
vermeint man den Feind bereits dingfest gemacht zu ha-

ben: Es sind die ach so bösen „völkischen Burschenschafter", welche in einmalig hoher Anzahl freiheitliche Parlamentsmandate einnehmen und möglicherweise auch bald Regierungssitze beanspruchen werden. Deutsch national seien sie und damit gewissermaßen zwangsläufig Österreich-Verächter, Rassisten und Ausländerhasser, möglicherweise gar Antisemiten.

Das, was auf den ersten Blick aussieht wie eine Kampagne aus der Werkstatt des Herrn Silberstein, wird gegenwärtig über die linkslinke Stadtgazette „Falter", über den lachsfarbenen „Standard" und den angeblich bürgerlichen „Kurier" vorgetragen. Flankiert natürlich pflichtschuldigst vom ORF und dem einen oder anderen Privatsender. Hier glaubt man, die Sollbruchstelle der neuen Mitte-Rechts-Koalition entdeckt zu haben, die Schwachstelle des neuen Regierungsbündnisses.

Und um diese Schwachstelle sturmreif zu schießen, sind den politisch-korrekten Angreifern kein Klischee und keine Unterstellung zu billig. Da werden altehrwürdige Tradition, studentische Folklore, die aus dem 19. Jahrhundert stammt, Lieder, deren Text aus der Feder von Dichtern der deutschen Romantik stammt, und traditionelle Grußformeln mit Heils-Wünschen wider besseres Wissen als NS-Apologie missinterpretiert. Da werden linksradikale Berufsantifaschisten als politikwissenschaftliche Autoritäten medial vermarktet, deren Expertisen von Halbwissen und Vorurteilen nur so strotzen. Alexander Pollak von SOS-Mitmensch, Andreas Peham vom Dokumentationsarchiv des österreichischen Widerstands, der unter dem Künstlernamen Doktor Heribert Schiedel auftritt, Hans-Henning Scharsach, erprobter Autor denunziatorischer Literatur, Peter Michael Lingens, Altmeister der FPÖ-Hasser unter den Kolumnisten, und natürlich der im antifaschistischen

Kampf ergraute Hans Rauscher. Sie alle überschlagen sich angesichts von Angst und Schrecken, den die Burschenschafter im Parlament und Regierung offenbar verbreiten. Teile des unbedarften, mit geringem historischen Wissen ausgestatteten Publikums, möglicherweise auch große Teile der ÖVP-Wählerschaft und vielleicht sogar der eine oder andere aus dem Kreis der freiheitlichen Sympathisanten mögen ein gewisses Unbehagen über die angebliche Vielzahl und Stärke der Burschenschafter in der Politik verspüren. Viele glauben die Diffamierung vielleicht sogar teilweise, obwohl für diese natürlich auch gilt, dass sie durch allzu häufige Wiederholung nicht richtiger wird. Dies mag daran liegen, dass manches vom studentisch-akademischen Brauchtum der national-freiheitlichen Korporationen für den Durchschnittsbürger des 21. Jahrhunderts nur mehr schwer verständlich ist. Der Männerbund mit lebenslanger Freundschaft und seinen archaischen Initiationsritualen wirkt auf den ersten Blick für den Durchschnittsbürger wie aus der Zeit gefallen, dass das Gleiche für die Rituale der Freimaurerlogen gilt, wird medial von niemanden skandalisiert. Die studentische Mensur als ebenso archaisches Rituale der Mutprobe und des Beweises der Hingabe an den Bruderbund ist ebenso wenig leicht verständlich, dazu kommt die Verschwiegenheit und Diskretion, mit der die national-freiheitlichen Verbindungen ihr Verbandsleben gestalten. Und Attribute wie „völkisch" oder „deutschnational" werden von den Kritikern und Gegnern der Korporationen entsprechend negativ konnotiert. Dass sich das deutsche Bekenntnis der national-freiheitlichen Korporationen in Österreich ausschließlich und zweifelsfrei auf die Kulturnation, die historisch gewachsene nationalkulturelle Identität der autochthonen Bevölkerung bezieht und keinerlei Gegensatz zu staatsbürgerlicher Loyalität und Öster-

reich-Patriotismus darstellt, wird dem unbedarften Medien-
konsumenten natürlich nicht vermittelt. Es geht ja darum,
die „Burschenschaften", womit in großer Unwissenheit
alle national-freiheitlichen Korporationen, Sängerschaften,
Turnerschaften etc. gemeint sind, an den Pranger zu stellen. Dass man für diese studentisch-akademische Rest- und
Sonderkultur schon einmal deshalb Respekt aufbringen
sollte, weil sie einerseits wertvolles historisches Erbe be-
wahrt und andererseits eine Randgruppe mit hohem staats-
bürgerlichem Ethos darstellt, das wird völlig übersehen.

Und auch die Frage, warum relativ viele Angehörige von
Korporationen über die Freiheitliche Partei in politische
Verantwortung gelangen, wird einseitig und negativ be-
antwortet: Es handle sich um eine „Machtübernahme" der
Burschenschaften. Dass es schlicht und einfach ein Faktum
ist, dass die Korporationen seit mehr als 150 Jahren in der
Mitte des nationalliberalen Lagers und der freiheitlichen
Gesinnungsgemeinschaft stehen und deren akademisches
Potential ausmachen und damit auch so etwas wie eine poli-
tische Elite dieses Lagers darstellen, das will man nicht verstehen. Von den führenden Persönlichkeiten der Bürgerlichen Revolution in Wien im Jahre 1848 bis in unsere Tage
waren es stets Angehörige von Korporationen, zumeist
Burschenschafter, die dieses Lager und seine politischen
Bewegungen und Parteien an der Spitze repräsentieren. Der
Bauernbefreier Hans Kudlich, der Führer des Aufstandes
von 1848 gegen die kaiserlichen Truppen Wenzel Messen-
hauser, der Paulskirchen-Abgeordnete Robert Blum, der
in Wien erschossen wurde, sie waren Burschenschafter.
Die Repräsentanten der deutsch-freiheitlichen Parteien,
die in den letzten Jahren der Monarchie den freiheitlichen
Rechts- und Verfassungsstaat und den Parlamentarismus
entwickelten, sie waren zumeist Burschenschafter. Genau-

so wie übrigens die beiden Gründer der Sozialdemokratie, Victor Adler und Engelbert Pernerstorfer. Die Parteiführer der nationalliberalen Parteien der Zwischenkriegszeit waren ebenso zumeist Burschenschafter. Franz Dinghofer, Präsident der Provisorischen Nationalversammlung, hat am 12. November 1918 von der Rampe des Parlaments die Republik ausgerufen, Hermann Foppa hat als letzter Abgeordneter im Nationalrat 1934 gegen die Ausschaltung des Parlaments protestiert – beide waren sie Burschenschafter, und auch die führenden Köpfe der nationalliberalen Parteien der Zweiten Republik, des VdU und der FPÖ, waren mit Ausnahme der Vertreter der Kriegsgeneration – nämlich in der Person von Anton Reinthaller und Friedrich Peter – Mitglieder von akademischen Korporationen. Alexander Götz genauso wie Norbert Steger und Jörg Haider, soeben auch heute noch die meisten führenden Köpfe der freiheitlichen Partei von Strache bis Gudenus, von Hofer bis Stefan, Rosenkranz, Kassegger und Graf.

Die eben genannten Namen stehen für eine politische Bewegung, die einen wesentlichen Beitrag zur Entwicklung des österreichischen Rechtsstaates und der demokratischen Verfassung beigetragen hat. Aber natürlich gibt es auch Namen, die die dunklen Schattenseiten der Geschichte der Korporationen repräsentieren. Dass Georg Ritter von Schönerer, wiewohl er der politische Mentor nicht nur den Nationalliberalen, sondern auch der Sozialdemokraten Adler und Pernerstorfer sowie des Christlichsozialen Lueger war, der eigentliche Promotor des Rassenantisemitismus des endenden 19. Jahrhundert war, soll nicht geleugnet werden. Und dass viele Kooperierte, die aus dem nationalliberalen Lager stammen, im Chaos der Nachkriegsjahre nach dem Ersten Weltkrieg und dem Elend der Wirtschaftskrise den totalitären Irrweg in den Nationalsozialismus beschritten, muss auch ebenso offen wie reumütig bekannt werden. Auch der in Nürnberg hingerichtete Hauptkriegsverbrecher Ernst Kaltenbrunner war Burschenschafter sowie eine Reihe von Persönlichkeiten, die in verbrecherischen Organisationen wie der SA, der SS oder des SD Karriere während des Dritten Reiches gemacht haben. Dennoch darf auch nicht verschwiegen werden, dass die Korporationen und ihre Dachverbände vom Naziregime verboten wurden, weil sie als Hort bürgerlichen Denkens und widerspenstigen Freisinns betrachtet wurden. Aber dieser Sündenfall – nicht der Burschenschaften und Korporationen selbst, sie waren verboten, sondern einer Vielzahl einzelner Burschenschafter, Korporierter – darf nicht verschwiegen und nicht verharmlost werden. Die Verantwortung für die historischen Todsünden des Rassismus, Antisemitismus und des chauvinistischen Größenwahns muss von den Korporierten unserer Tage getragen werden. Getragen kann diese historische Verantwortung, die damit verbundene Schuld, nur dadurch werden, dass sich die Korporierten heute als vorbildliche Staatsbürger, als opferbereite Diener des republikanischen Gemeinwesens und als Verfechter bürgerlichen Pflichtbewusstseins erweisen. Jenen, die versehen mit der „Gnade der späten Geburt" auf die Verfehlungen vergangener Generationen weisen, darf Konformismus und Zeitgeist-Opportunisten vorgeworfen werden. Konformismus hingegen kann man den Korporierten, den Burschenschaftern eben, jedenfalls nicht nachsagen. Ihnen bläst der Wind des Zeitgeistes scharf ins Gesicht, sie müssen sich doppelt und dreifach beweisen – auch in der Politik – wohingegen die Schönredner des politisch-korrekten Zeitgeists a priori immer auf der richtigen Seite stehen.

So mag die Burschenschaft als wohlfeiles Feindbild für die Verfechter des spätlinken Zeitgeists herhalten und die

Angriffsfläche für die desolate linke Opposition im Lande bieten. Sie hat in ihrer nahezu 200-jährigen Geschichte schon mehr ausgehalten. Sie hat ein halbes Dutzend von Staatsformen überdauert, zwei Weltkriege, Wirtschaftskrisen und den gesellschaftlichen Wandel vom Feudalismus hin zur postmodernen digitalisierten Gesellschaft. Sie wird auch die Attacken von „Falter" und SOS-Mitmensch überstehen, das steht außer Zweifel.

5. KAPITEL

Kreuzzug gegen die Libido

Die „#MeeToo-Kampagne"
als globaler Hexensabbat

22. Dezember 2017

Der militante Feminismus und die Gender-Ideologie waren in den letzten Jahren innerhalb der vermeintlich so aufgeklärten westlichen Gesellschaften die Geburtshelfer einer neuen Prüderie. Diese Prüderie ist die Schwester der Political Correctness und des spätlinken Gutmenschentums und wird just von jenen in die Jahre gekommenen Linken propagiert, die im Gefolge der Frankfurter Schule vor nahezu einem halben Jahrhundert die freie Liebe und die totale Libertinage erfanden. Das neue linke Spießertum, wie es sich etwa bei den Grünen und am linken Rand des politischen Spektrums manifestiert und wie es weltweit im Rahmen der zeitgeistigen Schickeria zum Durchbruch gelangt ist, hat diese neue Prüderie geradezu zum Lebensstil erhoben.

Parallel dazu wurde weltweit, insbesondere aber auch bei uns in Mitteleuropa, das Sexualstrafrecht verschärft und dieser neuen Prüderie angepasst. Da werden nun sexistische Witze und Grapschen beinahe schon auf einer Stufe mit realer Vergewaltigung unifiziert. Im Gegensatz zu den bislang als unantastbar geltenden europäischen Rechtstraditionen wird dabei zumeist auch noch ein System der Beweisumkehr praktiziert, wonach dem Beschuldigten nicht seine Schuld nachgewiesen werden muss, sondern dieser seine Unschuld beweisen soll.

Dazu kam nunmehr in den letzten Jahren auf der Ebene der Kommunikationstechnologien die weltweite Nutzung des Internets zu einschlägigen Kampagnen, und jüngst hat die von Hollywood ausgehende „#MeeToo-Kampagne" weltweit eine wahre Hexenjagd ausgelöst. Waren es erst Vorwürfe gegen den jüdischen Hollywood-Produzenten Weinstein, die hier aufs Tapet kamen, so zog das Ganze dann sehr rasch globale Kreise. Der britische Verteidigungsminister und Abgeordnete des Europäischen Parlaments wurden genauso Zielscheibe für die #MeeToo-Attacken wie nunmehr der Österreichische Skiverband. Und stets handelte es sich um Vorwürfe, die angebliche Übergriffe betrafen, welche Jahre oder Jahrzehnte zuvor stattgefunden hatten, und allzu häufig betrafen diese Vorwürfe neben tatsächlicher sexueller Gewalt Lächerlichkeiten eines zwischengeschlechtlichen Verhaltens, welches bis vor wenigen Jahren als durchaus sozial adäquat galt. Da wurde aus dem Klopfen auf den Hintern einer Mitarbeiterin ein relativ brutaler Übergriff, weil sich die Vorwürfe auch auf flapsige Komplimente und müde Herrenwitze bezogen. Und auch bei derlei Banalitäten wurde immer wieder und allzu schnell von „Vergewaltigung" gesprochen. Internet, Twitter, Facebook und dergleichen ermöglichten jedenfalls, dass sich diese Kampagne wie ein Flächenbrand ausbreitete und zu einem veritablen Hexensabbat führte.

Zwar wird im Zuge dieser neuen Prüderie, insbesondere bei der „#MeeToo-Kampagne", sexuelle Gewalt in erster Linie als Machtmissbrauch an den Pranger gestellt. Allerdings aber bekommt man den Eindruck, als gehe es insgesamt um einen geradezu quasi-religiösen Kampf gegen die männliche Libido. Deren Ausleben wird indessen nicht nur als zwar Abzulehnendes, aber keineswegs strafwürdiges Macho-Gehabe stigmatisiert, vielmehr wird diese männliche Libido nunmehr als Triebkraft für verbrecherisches Verhalten dämonisiert. Der „Blow-Job", den Frau Lewinsky dem US-Präsidenten Bill Clinton angedeihen ließ, konnte damals noch als ein etwas schlimmeres Kavaliersdelikt durchgehen – gegenüber dem linken Clinton war man eben nachsichtig. Dominique Strauss-Kahns Missbrauch eines Zimmermädchens in New York bedeutete dann schon das Ende seiner politischen Karriere. Und der britische Verteidigungsminister nahm den Hut, weil er einer Journalistin vor langen Jahren ans Knie gefasst hatte. Der Unrechtsgehalt sexueller Übergriffe beziehungsweise das, was in der medialen Diskussion dafür gehalten wird, ist also dramatisch gestiegen.

Wenn also allzu offensives männliches Sexualverhalten bereits seit mehreren Jahrzehnten als Macho-Gehabe abqualifiziert wurde, wird nunmehr zunehmend jeglicher Versuch zu erotischer beziehungsweise sexueller Kontaktaufnahme von Männern gegenüber Frauen als potentieller sexueller Übergriff gewertet. Die diesbezügliche Deutungshoheit liegt ausschließlich bei den Frauen, sie allein beurteilen, ob es sich um einen charmanten Flirtversuch oder um sexuelle Gewalt handelt und der – tatsächliche oder auch nur angebliche – sexuelle Gewalttäter muss gegebenenfalls seine Unschuld beweisen, was eben einen klaren Fall von Beweislastumkehr bedeutet.

Der militante Feminismus, der in diesen Bereichen also klarer gesellschaftspolitischer Sieger ist, führt aber auch zunehmend zu veritablem Männerhass. Wenn etwa bei der heimischen Grün-Partei nahezu ausschließlich Frauen in höhere Funktionen gelangen und altgediente männliche Funktionäre, sogenannte „Silberrücken", gezielt eliminiert werden, mag dies ein Beleg dafür sein. Noch ist es zwar nicht soweit, dass die Stigmatisierung der männlichen Libido alle Männer samt und sonders unter den Generalverdacht des sexuellen Machtmissbrauchs stellt, die Mär aber, dass jegliche Gewalt in der Menschheitsgeschichte durch die Aggressivität der agierenden Männer verursacht wurde und dass man die Politik zunehmend feminisieren müsse, um sie friedlicher und gewaltfreier zu machen, ist nahezu schon zum Dogma geworden.

So scheint es nur eine Frage der Zeit zu sein, bis aus den Kreisen militanter Feministinnen und engagierter Lesben die Forderung erhoben wird, das männliche Element insgesamt aus der Gesellschaft zu tilgen. Durch pränatale Geschlechter-Selektion wäre dies bei gleichzeitigem Anlegen wohl sortierter Samenbanken durchaus denkbar. Die Horrorvision einer männerlosen Gesellschaft, in der man das angebliche Gewaltpotential des Patriachats durch das „Unnötigmachen" der Väter ausschaltet, wäre somit denkmöglich. Die Libido, jene List der Evolution, mit der die Vermehrung der gesamten Fauna bis hin zum Homo sapiens sichergestellt wurde, könnte damit ausgeschaltet werden. Und natürlich auch all jene potentielle Gewalt, die durch die Triebkraft dieser Libido im sexuellen Bereich denkmöglich ist oder auch real stattfindet. Der Preis dafür wäre aber nicht nur eine vaterlose Gesellschaft und der Verlust des männlichen Elements in der menschlichen Zivilisation, sondern auch das Fehlen jener Spannung, die zwischen dem männlichen und dem weiblichen Prinzip die Entwicklung der Menschheit wesentlich beeinflusst hat.

Es mag sein, dass die „#MeeToo-Kampagne" und die von ihr verursachte globale Hexenjagd eine gesellschaftspolitische Episode bleibt ohne derart apokalyptische Folgen, wie sie zuvor an die Wand gemalt wurden. Tatsache ist aber, dass diese „#MeeToo-Kampagne" ein unübersehbares Symptom eines gesamtgesellschaftlichen Wandels darstellt, der das Verhältnis zwischen dem männlichen und weiblichen Geschlecht insgesamt problematisiert und infrage stellt. Wenn damit nur sexuelle Gewalt in Form von männlichen Machtmissbrauch gegenüber Frauen an den Pranger gestellt und stigmatisiert würde, könnte man dem vorbehaltlos zustimmen, die Kriminalisierung aber des zwischenmenschlichen Geschlechterverhaltens insgesamt durch diese Kampagne ist höchst fragwürdig.

ENDE

Wende Zeiten

Metapolitik, Migration & Machtwechsel

Andreas Mölzer, langjähriger Delegationsleiter der Freiheitlichen im EU-Parlament und Herausgeber der Wochenzeitung ZurZeit, gilt als einer der politisch nonkonformistischen Publizisten des Landes. Im vorliegenden Band analysiert Andreas Mölzer die Ereignisse und Entwicklungen des Jahres 2016. Dabei ortet er im Bereich der Metapolitik, Massenmigration und der Verschiebung der Machtverhältnisse so etwas wie eine „Wendezeit" – sowohl in der Außenpolitik Österreichs als auch auf der internationalen Bühne.

€ 19.90
Zur Zeit Edition, Bd.25
ISBN: 978-3-900052-32-4

Chaos Tage
Zurufe zur Zeitenwende

Andreas Mölzer, langjähriger EU-Abgeordneter und Herausgeber des Wochenmagazins Zur Zeit ist einer der bekanntesten nonkonformistischen Publizisten des Landes. Im vorliegenden Band analysiert er die Ereignisse und Entwicklungen der Jahre 2014 und 2015. „Chaostage" ortet der Autor im Bereich der Massenmigration, der Entwicklung der Europäischen Union, der Außen- und Geopolitik, aber auch der Geschichts- und Metapolitik sowie in der innenpolitischen Entwicklung der Alpenrepublik.

€ 19.90
Zur Zeit Edition, Bd.22
ISBN: 978-3-900052-29-4

Die Karlsbadverschwörung

Der neue Roman von S. Coell

In seinem Erstlingswerk „Im Schatten des Gracchus" thematisiert S. Coell den „messianischen Sozialismus" am Beispiel der „Verschwörung für die Gleichheit" des Jakobiners Babeuf. Nunmehr führt uns der Autor in die die Zeit zwischen dem Aachener und dem Karlsbader Kongress. Spannend beschreibt er die Gedanken- und Gefühlswelt der gewaltbereiten „Unbedingten" ebenso wie Motivation der reaktionären Kräfte, die es sich zum Ziel gesetzt haben, die Burschenschaft zu verbieten, die Presse durch die Einführung der Zensur mundtot zu machen und kritische Professoren von den Universitäten zu verbannen.

Ein historischer Roman von erschreckender Aktualität.

€ 19.90
Zur Zeit Edition, Bd.24
ISBN: 978-3-900052-31-7

Im Schatten des Gracchus

Ein historischer Roman von S. Coell

Im Jänner 1811 erhält ein österreichischer Leutnant einen vertraulichen Auftrag. Er soll Material über eine länder- und generationen-
übergreifende Verschwörung „messianischer Sozialisten" sammeln. Der
Auftraggeber ist der Metternich-Vertraute Friedrich von Gentz. Der
spätere Sekretär des Wiener Kongresses, der Material benötigt, um den
finalen Krieg gegen die Subversion vorzubereiten, vermutet hinter der
Französischen Revolution einen geheimen Orden mit Sitz in Paris. Auf
seiner Reise durch die Gedankenwelt von Revolution und Restauration
hat der Leutnant prekäre Situationen zu überstehen, ehe er auf des Pu-
dels Kern stößt: den „neuen Menschen".

„Im Schatten des Gracchus" gibt im historisch fundierten Rahmen
die Geschichte der „Verschwörung für die Gleichheit" wieder, jener
Gruppe von Revolutionären, die Ende des 18. Jahrhunderts eine klassenlose Gesellschaft in Frankreich errichten wollte.

€ 24.90
Zur Zeit Edition, Bd.21
ISBN: 978-3-900052-26-3

Ein
Schwarz–Rot–Goldener Traum

Hans Roemer – Ein Burschenschafter aus Wien

Hans Roemer kommt aus einer österreichischen Kleinstadt zum Studium nach Wien. Schnell findet er Anschluß an die Burschenschaft Germania und taucht in eine bis jetzt nicht gekannte Welt ein. Fasziniert vom Burschenleben, Paukboden, Mensur, Kneipen, WKR-Ball und Kommersen, findet er trotz eifrigen Studiums noch Zeit für eine Freundin. Die Welt ist für ihn in Ordnung, die Burschenschaft ist sein Alltag geworden. Bald jedoch muß er erkennen, daß die Welt außerhalb der Couleurhäuser anders ist, andere Wertvorstellungen gelten, andere Verhaltensnormen das nichtburschenschaftliche Leben regeln. Als Hans Roemer dies erkennen muß, drohen seine idealen Vorstellungen zu zerbrechen. Studium, Burschenschaft und die Liebe zu einer Frau haben für ihn den Sinn verloren. Wird er den Weg zurückfinden oder einen neuen gehen?

Bodo F. Hagen hält seine Leser von der ersten Seite an in Spannung. Wer selbst einmal als Student Couleur getragen hat, wird sich in vielen Szenen des Romans wiederfinden.

€ 18.00
Zur Zeit Edition, Bd.23
ISBN: 978-3-900052-30-0

Wie wir unsere Zukunft verspielen

Die fatalen Illusionen unserer Wohlfahrtsgesellschaft

Die Masseneinwanderung (mit geduldetem Asylmissbrauch) aus fremden Kulturkreisen, die Staatsschuldenkrise, die fatale Klima- und Energiepolitik, die manipulative Dauerberieselung und systematische Verdummung durch die Massenmedien, die stringenten Denk- und Sprechverbote („political correctness"), die zunehmende staatliche Überwachung und Kontrolle der Privatsphäre, der Verlust von humanistischer Bildung und Christentum, der schleichende Verfall von Anstand und Moral in unserer Wählerbestechungsdemokratie, ein korrumpierter und permissiver Zeitgeist, eine abgehobene und zynische politische Elite, der Verlust aller ordnungspolitischen Grundsätze von Marktwirtschaft und Wettbewerb, eine ökonomisch unhaltbare Währungsunion mit ihrer vertragsbrüchigen und demokratisch nicht legitimierten „Rettungspolitik" ...

€ 9,50
Zur Zeit Edition, Bd.26
ISBN: 978-3-900052-33-1